沉静领导

LEADING QUIETLY
An Unorthodox Guide to Doing the Right Thing

[美] 小约瑟夫·巴达拉克 著
(Joseph L. Badaracco)

杨斌 译

机械工业出版社
CHINA MACHINE PRESS

Joseph L. Badaracco, Jr. Leading Quietly: An Unorthodox Guide to Doing the Right Thing.

Copyright © 2002 Joseph L. Badaracco, Jr.

Published by arrangement with Harvard Business Review Press.

Simplified Chinese Translation Copyright © 2024 by China Machine Press. This edition is authorized for sale in the Chinese mainland (excluding Hong Kong SAR, Macao SAR and Taiwan).

No part of this book may be reproduced or transmitted in any form or by any means, electronic or mechanical, including photocopying, recording or any information storage and retrieval system, without permission, in writing, from the publisher.

All rights reserved.

本书中文简体字版由 Harvard Business Review Press 授权机械工业出版社在中国大陆地区（不包括香港、澳门特别行政区及台湾地区）独家出版发行。未经出版者书面许可，不得以任何方式抄袭、复制或节录本书中的任何部分。

北京市版权局著作权合同登记　图字：01-2015-0420 号。

图书在版编目（CIP）数据

沉静领导 /（美）小约瑟夫·巴达拉克（Joseph L. Badaracco）著；杨斌译. -- 北京：机械工业出版社, 2024.9. -- ISBN 978-7-111-76204-1

I. C933.22

中国国家版本馆 CIP 数据核字第 2024ET7612 号

机械工业出版社（北京市百万庄大街 22 号　邮政编码 100037）

| 策划编辑：白　婕 | 责任编辑：白　婕　闫广文 |
| 责任校对：李　杉　宋　安 | 责任印制：郜　敏 |

中煤（北京）印务有限公司印刷

2024 年 11 月第 1 版第 1 次印刷

147mm×210mm · 8 印张 · 3 插页 · 145 千字

标准书号：ISBN 978-7-111-76204-1

定价：69.00 元

电话服务	网络服务
客服电话：010-88361066	机　工　官　网：www.cmpbook.com
010-88379833	机　工　官　博：weibo.com/cmp1952
010-68326294	金　书　网：www.golden-book.com
封底无防伪标均为盗版	机工教育服务网：www.cmpedu.com

| 译者序 |

LEADING QUIETLY

平常心　领导力

在哈佛广场的 COOP 书店看书，成了我在波士顿时（2002～2003年）的爱好。也就是在那儿，我发现了这本书，首先打动我的是英文版的封面，是一张照片：在海水来回冲刷的沙滩上，不知是谁留下了两行脚印，由远及近，清晰有力，可是也许再过片刻，这足迹就会被海水冲走，仿佛从没有过一样……

待捧起书，便放不下。

于是推荐给机械工业出版社的编辑，到我八月结束美国东西之旅回到波士顿时，编辑的好消息到了——版权拿到了，并邀我翻译它。说实话，这个任务颇有些难度，不只是因为这本书有很深刻的思想性，也是因为作者巴达拉克教授遣词造句相当讲究，有很强的感染力，对于英文三脚猫的我来说，备感头疼。好在麻省理工学院的 Leigh Hafrey 教授、朱童等好友都出手相助，我则勉力而为，希望不被人骂。

在此，我只想尽教员的本分，跟诸位分享三个故事——况且，这也与这本书讲故事的风格蛮相符。

第一个故事跟斯隆管理学院里悬挂的一幅画像有关。

在斯隆管理学院转悠的时候，我经常会发现一些有趣的事物。满打满算，斯隆管理学院也就三座楼，占地面积还都不大，最高不过五层，跟中国很多大学的商学院相比，设施可算不上阔气。当然，早年清华大学的梅贻琦校长就讲过，"所谓大学者，非谓有大楼之谓也，有大师之谓也"——这句话我没有考证过是梅校长首创还是另有其本，反正用在斯隆管理学院上，倒蛮贴切。

所以，有朋自远方来我就陪着转，不大会儿工夫就能转个遍。有的人看得仔细，常问些问题，我虽非导游出身，但素爱刨根问底，尤喜野史轶闻，大多问题早就问过自己，所以回答起来还算轻松。不过也有被问住的时候。

有一回，走到斯隆管理学院教学楼（东51）的三层，有位在国内做企业的朋友发现了一幅比较特别的画像（一位很年老的女士坐在那里很和善地笑着），介绍文字不多，知道是"米里亚姆小姐"，曾是斯隆管理学院的职员，便想问个究竟。

我知道他好奇在介绍中"职员"这个字眼上。我们在商学院里头走，画像看了不少，哈佛商学院的名教授、捐赠者，斯隆的历任院长，还有管理学家斯隆本人——大多是常识中觉得该在墙上有幅画像的大人物。为什么这儿单单放了一幅"职员"

的画像在墙上呢？

斯隆管理学院的一位副院长把这个故事说给我们听，以解我们心中疑窦。原来，这位米里亚姆小姐乃是斯隆管理学院的一位"历史名人"。

米里亚姆小姐1936年从拉德克利夫学院毕业后，在欧洲又学习了一年，然后就作为职员加入了斯隆管理学院的前身——所谓的第15课程组。1952年在第15课程组的基础上成立了斯隆管理学院，她一直是斯隆管理学院行政事务方面的骨干，负责硕士项目中大大小小的事情，从注册、成绩管理到排课、财务资助，甚至帮助学生去规划选课，帮他们设计未来的职业生涯。关于那时米里亚姆的形象，斯隆管理学院的副院长回忆说："她经常手里拿着一个拍纸簿，上面列满一长串要做的事情，不断跟学生谈，越谈，清单拉得就越长。每做完一件，就划掉一行。"有时候，为了使那些带着小孩子的学生有机会能外出几个小时，她还帮他们带孩子。

1988年，她从斯隆管理学院退休，1995年80岁高龄过世，身边只有一个侄女。不！绝不是只有一个侄女。在她服务于斯隆管理学院的这51年里，每当毕业生回到斯隆管理学院聚会的时候，大家相互之间最熟悉的一句问话就是："米里亚姆小姐在吗？""我得去看看米里亚姆小姐"——几乎所有的学生都能说起自己和她之间有过的一些接触或一点感受。1981年，麻省理工学院校方在一个非常隆重的场合颁给她James Murphy奖，以表彰其"对大学精神的贡献与对承诺的忠实，特别是在对待学生上"。1984年，当1959届硕士班毕业生25周年聚会时，作为一个礼物，她的画像挂到了那里，并以她的名字命名了那个三层大厅——那个面对查尔斯河、阳光明媚、景色宜人的"米里亚姆厅"。此外，每年学院还会颁发米里亚姆奖学金给一位对斯隆管理学院这个大家庭做出突出贡献的、即将毕业的硕士学生。在学生看来，这是一项极高的荣誉。

这就是米里亚姆小姐和她的画像的故事（她生前老说"那个画像太让我不安了"），51年的人生故事我知道得很少，转述得很短。

米里亚姆小姐是不是一位领导者？她的经历中有没有闪耀着领导之道的光芒？在故事的情境下，你也许会同意地点头，但是在现实世界中，得到这样的同意恐怕并不容易。

我还听说过这么一个关于孔子、学生、奴隶和牛的故事——我也是从别人那里听来的，真伪、版权都待查，姑且借用一下。

在孔子生活的那个时代，孔子所在的鲁国宣布，如果有人在其他国家看到有鲁国人沦为奴隶，则可以先把他赎买回来，然后到政府那里去报销。一次，孔子的一个学生，从别国赎回了一个奴隶，但他却并没有去找政府报销。一时间，别人竞相夸赞这个学生道德高尚，而孔子却批评他说：你这样做妨碍了更多的鲁国奴隶获得自由。因为，如果别人也在别国看到了鲁国人沦为奴隶，那么，如果他赎买回来去报销，就会有人嘲笑指责他的道德品质不高；而如果他不报销，他就损失了一笔钱，这样，他就只好装作没看见，而不去赎买这个奴隶。又有一回，孔子的一个学生冒死救起了一个落水的人，这个获救者家境富有，于是送给这个学生一头牛进行酬谢，孔子的学生很高兴地收下了。很多人指责这学生的道德不高尚，这么重的礼也收，不仅该分文不收，估计还该加上一句"这是我应该做的"，然后转身就走。抱歉，最后这情节不是故事里头的，是我一不留神串到了电影里头的套路。故事的最后是说，孔子又与众不同地表扬这位收下牛的学生说：你这么做能够鼓励更多的人去冒险救人，使更多的人获救，做得对。

孔子这一褒一贬，估计都很难上鲁国报纸的版面，可能学生们也费了不少唇舌来辩论如果把这两件事儿记录下来，是否会有损伟大宗师的道德形象——打住，这段又是戏说版，增加点现代气息而已。

再有一个故事是我亲身经历，还跟翻译有关的。

我曾读到一本非常畅销的美国企业家传记，翻译得挺好，读起来很顺。其中有段情节引起了我一点好奇。说的是这位主人公，伟大的美国企业家代表，要对付公司内部出现的一些高管人员"反对派"的"政治阴谋"。于是，他就一个一个地跟公司很多董事去"沟通"，争取他们的支持；与此同时，那位反对派首领也在一个一个地跟公司中很多董事"密谋勾结"。总之，当坐到大摊牌的会议桌上时，局势微妙，主人公是"胸有成竹"，而那位反对派首领则是"心怀鬼胎"。

我读时只是觉得这位传记译者真是笔下生花，字眼译得实在生动。抱着学习的目的，找来英文原书对照，发现其实原文中我在上段那些加引号的地方，竟然都是英文中很普通的一些词语，而且其实并无明显褒贬之意。

为什么这位译者增加了褒贬在上头呢？老实说，这一来，比原文更热闹、更生动——如果不是从审视译文的角度评价的话。这褒贬里头隐含着一些什么念头呢？或者并没这么处心积虑，只是信手拈来，那么当时译者脑中闪过的又是怎样一些潜意识呢？

借着这三个故事，我想试着分析一下为什么这本书在副标题中用"非正统"（unorthodox，也可译作"离经叛道"）来形容本书所讲述的领导之道。我以为，本书内容中称得上"非正统"的地方很多，作者用笔较多的，则是对三个观念做的深刻思考——分别是"领导""私利""政治"。

先说"领导"。对于"领导"的理论与实务研究，西方管理学界曾经经历过几个明显的阶段：最早期的"伟人论"（the great man theory）主张"英雄造时势"，认为历史上的重大事件都是由占有领导地位的领袖人物造成的，这些人物具有某些不凡的特质，使他们能够成就伟大的事业。然而，历史上的伟人毕竟不多。其后的学者又走到另一极端，他们发展出各种测量工具，试图测量不同类型组织中的领导行为。菲德勒著名的"权变理论"（contingency theory）以及类似的"情境领导"学说，便是在这样的基础上探讨：在什么样的外在环境条件下，采用什么样的领导方式，能够产生最大的效能？

早期主张"伟人论"的学者一直企图找出领袖人物的"特质"，却始终徒劳无功。近期的研究又旧调重弹，提出了"转型领导者"（transformational leader）的概念，认为历史上伟大的领导者大都具有一种非凡的影响力，能够让他们的支持者相信，只要他们一起努力，追求领导者为他们所界定的共同目标，他们一定可以扭转乾坤，在社会中造成极大的转变。

这就是所谓的"主流"领导理论。学术上的代表人物中，沃伦·本尼斯（曾在麻省理工学院、南加州大学等任教）与约翰·科特（哈佛商学院）都把目光放到公司的高级管理者身上，相应的案例编写、研究与教学也大多以公司中的 CEO 或者董事长为中心人物。

本书中案例颇多，每章至少一个中心案例，主人公大多是公司里的中层经理，甚至与公司无关，上尉、志愿者、政府工作人员的故事也都有，这反映了作者头脑中的一个创造性的思想——领导之道，不是 CEO 们的专属、专长或专用武器；在组织的不同层次上，都有值得研究、学习和培养的领导之道。毫不夸张地说，每个人每一天都会碰到领导的问题。㊀

㊀ 从 2000 年起，申请报考清华大学 MBA，需要提交若干短文。第一篇短文就是要列举你作为领导者的一次经历。每一年，几乎都会有很多考生非常焦急地来电话或者亲自跑来询问，自己没有作为领导者的经历该怎么写——他们大都认为领导者指的是企业（或组织）的高层。后来我干脆就在这篇短文的要求上加了一句说明——无论是在生活中还是工作中。

回到我前面讲到的第一个故事，米里亚姆小姐其实是本书所着力研究的沉静型领导者的一个例证。我们判断事物，向来有尊卑轻重之分，这很常见。我们很自然地就把目光投注在聚光灯下的那些人身上。在特定的社会环境中，企业领袖被神化，商界几乎成了娱乐界，商业明星作秀的功夫超过其驾驭管理的能力。我并不是反对企业家或者高层管理者成为公众人物，但是，那样一种浮躁之气，实与真正的领导力相去甚远。个别时候，领导成为某种公众对立面的象征，此时的领导，是职权（authority）领导。而"不依赖职权的领导"，正是现在领导研究的热门话题——权力（power）与影响力（influence），并不一定要来自于职权。

所以，本书"离经叛道"地对沉静领导之道加以研究，能够帮助我们在领导一个组织，造就一圈气候，改变一些面貌时，认真检视心中的假定预判，让我们注意到那些"并非英雄"的成员"并非平常"的贡献。因为离开了他们的默默耕耘，我们的组织很难与众不同、卓越和谐。

再说"私利"。本书的第 2 章，分析了大部分领导者之所以能够卓越有效，不是因为他们心中的动机纯而又纯、高尚利他，而恰恰是因为他们的动机相当混杂，其中所包含的"私利"部分支持着他们持续地、创造性地努力。

这也是本书"离经叛道"的一个焦点。传统的领导学说大多强调领导者拥有纯洁的动机，强调领导者毫不动摇地献身于伟大的目标和高尚的事业，强调领导者乐于挑战既有的制度，以变革奠定成就的基础。

孔子的故事，也提供给我们一个思考的文本，道德与伪道学的分界也正在此。当我们把领导英雄化、神化与符号化时，其实就是异化。当我们对每个社会成员的道德标准要求都提升到如此之高时，其直接的后果是言行不一，说与做"两张皮"。雨果在《悲惨世界》中有这样一段话："做一个圣人，那是特殊情形；做一个正直的人，那却是为人的常规。"恰恰是在那样一种每个普通人都要变圣人的狂想中，迫使人们连正直这个为人的本分也丢掉了。本书中对此有一段精彩反省："往好的方面讲，这些故事鼓舞了人心，给人们指明了方向；往不好的方面说，它们用煽情的动人话语而非现实主义的理性观点，来解释人们所有行为的动因。它们还告诉那些有着混合和复杂动机的人，他们也许会因太自私、太矛盾、太迷惑而不能成为'真正'的领袖。"

我并不认为"私利"能够解释为人在社会中所有行为的根源。事实上，人总是在利他与利己之间的某一点权衡、行动着，满足着他们对于个人获取、社会联系、学习成长的复杂需求。

最后说"离经叛道"之处如何看待"政治"，这里指的是公司政治或者组织政治。在企业中，组织政治是否存在？如果存在，其作用如何？我们该怎么对待它？

组织政治的存在是无疑的，而且是难言的——很多属于组织潜规则的部分。我见到在很多公司的准则中都明确写着"禁止公司政治"，我听到很多企业领导都在侃侃而谈自己对于"公司政治"极其厌恶以及与之斗争的一贯历史。组织政治在公众舆论中贴上的标签是"十恶不赦",是组织之所以出现各种疾病的"罪魁祸首"。

我想,这种公众舆论其实可以换一个等同的说法——人,是组织之所以出现各种疾病的"罪魁祸首"。只要你的组织中存在人,就存在因为人而带来的关系、利益,也就必然使组织中的每个成员与"组织政治"共舞。在有关翻译用词的那个故事中,翻译者本人下意识地以正邪划分两方,同样是会议下的沟通、联合——这素来算作组织政治的活动,他如果认为是"坏人"所为,则笔下自然就变成了"阴谋""勾结""政治""权术"。

这么做,好玩吗?恐怕只能算是有些好笑。

组织政治有其多面性,好比说一把锤子,本来是很趁手的工具,但是也能用作杀人的凶器。人人讳言"组织政治",也阻碍了真正的"组织智慧"的养成。好在,本书在这一方面,也跳出了成见的藩篱,给出了非常精彩的策略分析:思考真理而不去实行它的人,是错了一半。毕竟一本只是思想性强的书,不是作者的最终目标,作为一个商学院的教授,提出问题之后还要"解决问题",这始终是他心目中的追求。所以,本书的第3~8章给出了6种非常实用的工具、策略或者叫本领,提供给读者,让你能够真正实践"沉静领导之道",做到所谓"道""术"结合。这6种武器,分别是6个章节的标题——争取时间、明智投资、深入钻研、变通规则、投石审势、妙手妥协,它们都与组织政治有着千丝万缕的联系。思想的火花、策略的妙语与文字的魅力，使全书都很耐看、耐琢磨——有深刻的洞察力和持久的吸引力。

当然，伴随着这样的思考，批评甚至斥责都是不绝于耳的，我自己在《华尔街日报》《财经时报》上都读到过一些读者针对本书的来信，其中也有一些批评看法。我与作者巴达拉克教授餐叙时，问他为何不回应，他说，"我更愿意多听听、多想想"，而不打算在这场辩论中逞一时之快。这不由让我想起鲍威尔将军桌上的那句铭文："在所有显示力量的事物中，克制最能给人留下印象。"

本书出现在2002年，这并非偶然。在这一年中，同时有几本引起广泛关注的管理类书籍，都越来越强调"平衡"㊀——在事业与生活之间的平衡，在守住自己的价值观念与把事情做起来、做成功之间的平衡，在良好的目的与曲折的过程之间的平衡。小步伐的前行，常被人指责为畏惧与懦弱，其实，在沉静领导者看来，极端主义的做法更容易，但是很难长久。海伦·凯勒曾经说过："我渴望做那些伟大而

㊀ 这里只列举两本书，一本书是《从优秀到卓越》（*Good To Great*），其中专辟一章描述所谓的"第五级领导者"："当我们发现了推动改变所需的领导风格时，我们感到十分讶异，说得更贴切一点，我们觉得非常震惊。跟锋芒毕露、身兼媒体宠儿和社会名流的企业领导人形象完全相反，这些成功企业的CEO简直像是外星人。他们通常沉默内敛、不爱出风头，甚至有点害羞，谦逊为怀的个人特质和不屈不挠的专业精神齐集于一身。"另一本书则是《温和激进》（*Tempered Radicals*），讲述了如何用逐渐的推动来改变组织的面貌，尤克强教授用"狂狷"来比拟，真是非常传神。我推荐有兴趣的读者可以对照本书做进一步的阅读。

高贵的任务，但是，我最首要的责任和快乐却是去完成那些卑微的任务，把它们与伟大而高贵的任务同样对待。世界在前行，不只是那些英雄的力量在推动，来自每个诚实的工作者微小推动的积累同样重要。"战国时期韩非子曾说，人不会被明显的大山所绊倒，却会被小石头绊得人仰马翻。图虚名，招实祸。只有平常心，才能有真正的领导力。

在"注意力"领导学与"显示度"政治学成为一种时尚的今天，我们更需要有平常心，而不是已经充满了偏见、成见和己见。著名诗人艾略特在《四个四重奏》中说："我们不应终止探索，而我们所有的探索必会回到我们的出发处，从而再一次认识那地方。"《沉静领导》就是我们对于"领导""私利""政治"等组织深层问题的再探索，它在我们眼前开启了一个充满魅力的新世界。

巴达拉克教授跟我开玩笑说："你该去翻译一本《谁动了我的奶酪》之类的畅销书，那可是名利双收的事儿啊。"说实话，我并不担心严肃厚重的书没有读者，事实上，《沉静领导》就是2002年管理类书籍中的一本畅销书，《纽约时报》更评论说："它超越了企业类书籍的范畴。"我非常认同这个说法。能够从这本书中受益，并改变今后命运的人，我想是非常广大的一群人。

谢谢尤克强教授、薛镭教授对于书名的建议与斟酌。作者巴达拉克教授细心地回答了我很多问题，我们都很高兴能订正英文版中的一些印刷错误；麻省理工学院的 Leigh Hafrey 教授是我在斯隆管理学院的指导老师，他的支持也给了我很多力量。

朱童是本书初译的主要贡献者，清华大学经济管理学院的程绍荣也做了许多工作。老友朱恒源、黄为华、周敏阅读了本书部分章节的译稿并提出了他们的意见。谢谢谷虹、孙路弘、张筠等老友的支持帮助，也谢谢为本书中文版问世做出大量努力的其他朋友，你们正是沉静领导之道的实践者。

译文错漏，责任在我。欢迎指正，欢迎分享。

杨斌

于美国马萨诸塞州剑桥

目 录
LEADING QUIETLY

译者序　平常心　领导力

导言 1

  阿尔贝特·史怀哲的洞见　2
  纷乱的、日常的挑战　7
  令人惊讶的方法　9
  没有所谓的"小事"　12

第1章　不要骗你自己 15

  与米勒交锋　17
  四项指导原则　24
  现实主义与犬儒主义　36

第2章　相信混杂动机 41

  足够好的动机　44
  十个脑袋的蛇　55
  人性曲木说　61

第3章　争取时间 65

  谁会被解雇　68

玩游戏　72
几句提醒的话　84

第 4 章　明智投资　87

满分　90
我究竟储备了多少政治资本　95
我拿了多少政治资本去冒险　98
我能得到什么样的回报　100
风险投资式的伦理学　103
沉静型领导者的矛盾之处　108

第 5 章　深入钻研　113

新新服务器　115
来自复杂性的挑战　123
四条训诫　127
并不能确保成功　136

第 6 章　变通规则　139

"地狱厨房"的一个夜晚　140
反省与遗憾　145
严肃地对待规则　148
寻找转圜空间　150
创业者式的伦理学　153
领导之道与聪明机巧　157

第 7 章　投石审势　159

合伙人政治　161

投石问路和审时度势　167
事态的发展　170
合伙人会议　174
逐渐推进　176
沉静领导之道的挫折　178

第 8 章　**妙手妥协**　183

新年婴儿　186
辛勤努力的领导之道　196
反思所罗门王的决定　206

第 9 章　**三种沉静型美德**　209

克制　211
谦逊　214
执着　218

附　录　**释本溯源**　223

沉静领导之道理念的逐步发展　223
案例研究　230

注　释　234

致　谢　237

导 言
LEADING QUIETLY

各行各业都有杰出人物、卓越领导和伟大英雄。试想一下那些创建或是改造著名公司的精英,那些变革社会面貌的政治领袖,还有那些冒着生命危险抢救他人的消防队员。我们赞扬这样的人,奉他们为楷模榜样,为他们的成就欢呼喝彩,并觉得他们代表着真正的领导典范。

不过,他们确实能够代表真正的领导典范吗?之所以这样发问,是因为我在潜心研究管理与领导学问的长期职业生涯中发现,大多数的卓越领导者通常并非公众英雄。他们不是为理想高调而战的斗士,而且也并不愿意成为那样的人。他们也不会充当什么道德讨伐运动的急先锋。他们的一举一动都很有耐心、非常谨慎,做事循序渐进。他们做正确的事情(为了他们的组织,为了他们周围的人们,也为了他们自己），不动声色，毫发无伤。

我称这些人为"沉静型领导者"（quiet leaders），是因为他们的那些超凡成就在很大程度上得归功于他们的谦逊与克制。事实上，由于很多困难的问题只能通过一系列长期的细微努力才能解决，所以，尽管"沉静领导之道"（quiet leadership）乍看起来显得"步调缓慢"，却经常会被实践证明是使一个组织乃至这个世界得以改善的"最快途径"。

在对"沉静领导之道"进行了4年研究之后，作为成果，我写出了这本书。书中通过讲述一系列的真实故事，描绘了正在发挥着作用的沉静型领导者形象，并从他们的努力和成就中总结出实实在在、有效可行的经验与教训。深层次地探究这些故事，你会发现其中包含一种"离经叛道"的领导观念。这种观念，尽管也是根据英雄主义领导观发展而来的，却提供了一个更为广阔的视野，来阐释究竟什么才是组织中负责而卓越的领导之道。

阿尔贝特·史怀哲的洞见

然而，我们真的需要一种更广阔的视野吗？难道那些伟

⊖ 阿尔贝特·史怀哲（Albert Schweitzer, 1875—1965），德国医学家、神学家、哲学家、人道主义者。早年刻苦力学，在柏林获哲学博士学位。精通多国语言，学识渊博。1913年前往非洲，在蛮荒丛林中行医达50余年。——译者注

大的领导者并没有教给我们应该知道的一切吗？问得好！这些问题非常重要，其答案也绝不简单。

毋庸置疑，英雄主义的故事在勇气和奉献方面给我们以不可或缺的教育，同时，还向我们展现了最高尚的人性理想，帮助父母和老师传承最重要的价值观念。实际上，这些故事绝不只是故事那么简单——倘若没有伟大人物的努力，我们的世界极有可能会更为贫乏而无味。我们理应对这些英雄充满敬仰和感激。

问题在于，这种英雄主义的领导观，分明把芸芸众生纳入一种金字塔型结构，在金字塔的顶端是那些伟人。他们有绝对鲜明坚定的价值观，明辨是非；他们敢作敢为，为了高尚的事业而不惜献身；他们为他人树立了令人信服的榜样，并且最终改变了这个世界。在金字塔的底层，是生活中的那些袖手旁观者、逃避义务者、胆小怕事者。他们是诗人艾略特⊖笔下的"空心人"，畏首畏尾，自私自利。¹他们既不能鼓舞任何人，也做不出半点贡献。

但是，这种观念又将其他人置于何地呢？大多数人，在大多数时间里，既没有拯救世界于将倾，也没有压榨世界以自肥。他们沉浸于自我的生活，做自己的工作，努力照顾身

⊖ 艾略特（1888—1965），诗人、评论家、剧作家，现代西方开一代诗风的先驱，1948年诺贝尔文学奖得主。其代表作之一《空心人》（*The Hollow Men*）发表于1925年，诗中表达了主人公稻草人内心的空虚。——译者注

边的人。而以金字塔结构来看"人"的方式，几乎完全忽略掉了日常生活和普通民众，其结果似乎是把人类中的绝大多数都归入了黑暗含混、湮没无闻的道德蛮荒和伦理边缘。而这，当然是一个严重的错误。

思考一下阿尔贝特·史怀哲的观点吧，无论从何种程度上讲，他都是一个不折不扣的英雄式领导者。在年近而立的时候，史怀哲毅然放弃了两条前途无量的职业道路：一条是音乐家之路，另一条是神学家之路。无论选哪条路走下去，都会带给他舒适、稳定、安全的生活。然而，他却选择成为一名医疗传教士，用几乎一生的时间来救助非洲的麻风病患者和昏睡病受害者。他在几十年中从事的工作艰苦而孤寂，有时甚至极其危险，这为他赢得了1952年的诺贝尔和平奖，而他又把这笔奖金完全用在了扩充发展他的医院上。他一直都在那里工作，直到90岁高龄辞世。

史怀哲改变了许多人的生活，给不计其数的人以鼓舞。然而，在他的自传中，他对于伟大人物在影响世界方面所扮演的角色却写下了这样一些话：

> 在人类对理想的所有追求中，只有一小部分能够在公众行为中得以显现。其他所有的这种求索，都只能是细微而模糊的行为，然而，它们加在一起的力量总和，要比那些众所周知、广泛认同的行为强大千倍。二者相比，那一小部分行为

就好比深海波涛上的泡沫一样。[2]

这是一个不同凡响的、近乎极端的说法。阿尔贝特·史怀哲，自己作为一个伟大的人，居然告诫我们要重新考虑，甚至要看低那些伟大人物在人类活动中所发挥的作用。他把这些伟大人物的作为比作"泡沫"，相反，却盛赞那些"细微而模糊的行为"。

史怀哲的上述洞见代表了对领导之道的一种全然不同的观点。我们不妨再深入思考一下，就以20世纪80年代初发生的"泰诺"事件为例——说到负责尽职的企业领导之道的故事，这大概算是过去近40年里最为著名的一个了。

1982年，有人在一些"泰诺"胶囊中掺进了剧毒氰化物，直接导致了7个人丧生。那些全国性的媒体捕捉到了这条爆炸性新闻，当然不肯就此放过。数百万美国人一下子就恐慌起来了，害怕在他们自己的药柜里就混有致命的毒药。怎么办？强生公司总裁詹姆斯·柏克没有退缩逃避，而是当即果敢地采取强有力的措施，领导公司度过了这场骇浪四起的信用危机。他与政府当局、大众媒体进行了迅速而全面的合作，把这次危机界定为一个关乎公众生命健康的大问题，而不是一个公司利益的小盘算。他立刻严令撤下了市场上所有的"泰诺"胶囊，光是这么一个动作就花费了强生公司几百万美元。随后不久，强生公司又迅速推出了新的三重密封安全包装的"泰诺"胶囊,这很快便成了业内各厂家纷纷效仿的样板。柏克的努力赢得了崇高的声望,他当之无愧。

这个故事是极富戏剧性和感染力的,也已被无数次地传诵。不过,从史怀哲的观点来看,这个关于领导之道的传奇故事却非常容易误导我们。20世纪80年代强生公司负责尽职的领导之道,难道就真的只是"泰诺"事件所描述的那些吗?在那段时间里,其他的人都在干些什么呢?难道说,那些数以千计的经理、主管,还有其他那些雇员,只是刻板机械地生产和装运着"泰诺"胶囊、"邦迪"创可贴以及其他产品——始终都只是享受着令人愉快的道德良辰吗?

对这个问题的回答很明确:当然不是!像所有其他企业里的员工一样,他们应对着工作上和生活中日复一日的艰苦挑战——检验并确定他们卖出的产品是安全可靠的;帮助一起工作的同事解决个人的问题;研发新的药品和医疗器械;确保他们的雇员得到公平对待并受到尊重……在强生公司里,这些"并非英雄"的人并不拥有公司领导们可资调遣的资源和支持,但他们做着所有的这些事情,日复一日,年复一年。从事物的主线来看,他们的努力日积月累,使世界变得更美好。事实上,倘以史怀哲的观点看来,他们的努力才真正是"事物发展的主线"。

为了更好地理解这些人的行为,并从中学到精髓,我们必须用"心"来领会史怀哲的观点。这就意味着我们要把视线从伟大的人物、极端的境况，以及历史的转折性时刻移开，近距离地去关注身边的人们。如果我们透过一个广角镜看待领导之道，我们就会发现那些"远非英雄"的平常人一样在成功地解决重大问题，一样在对世界进步做着贡献。

纷乱的、日常的挑战

透过这种更广阔的视角，我们发现，要求运用领导之道来解决的问题绝大多数都出现在日常情境中。这些事情表面上并不会显现出战略性和关键性，它们也不是专门留给公司高层领导者去解决的。任何人几乎随时都可能面对这类挑战。艰难的抉择并不一定包括紧张刺激的危急时刻，却深嵌于日常生活的丝丝缕缕之中。

比方说，想象一下，如果你能飞翔在城市的上空，掀开那些住宅、办公室以及其他建筑物的屋顶，去观察那里面正发生的事情，你将会看到些什么？在一个家庭里，夫妇俩正在争论要不要让丈夫的老父亲从家里搬到疗养院去，交给别人照看；在一间办公室里，两位政府官员正在悄悄讨论如何调查一个有挪用公款传闻的资深雇员；一家医院的急诊室主任，正盯着财务报表看，反复琢磨她这个部门能否尽量少地接诊贫困患者，尽管从成本的角度看，这无疑是迫在眉睫、不得不采取的措施；一位银行信贷部职员刚刚发现了一个严重的会计账目错误，是把这件事上报而引发一场整个组织的麻烦、混乱，还是缄口不言、搁置不管？

这些都是日常生活中的实际问题，琐碎常见，毫不显眼，或者说，至少第一眼看上去是这样的。但是，通过更近距离地观察，我们会发现其他一些东西。表面上看似普通平常的问题，却可能难以置信地纷乱、复杂、暧昧，而且还很重要。这些，绝对是领导之道的真正挑战。

以那位信贷部职员的情形为例，对他来说，还有什么比会计账目中的问题更司空见惯，甚至更单调乏味的呢？但一旦这位信贷部职员停下片刻，认真思考一下，他就会发现，这件事实在是一点都不简单。比如，为什么这么重要的问题被忽视了这么久？一个令人沮丧的可能性是公司高层人士故意把错误掩盖起来，企图瞒天过海。真相一旦曝光，肯定就会有某位同事失去工作，同时导致银行的某位客户破产。可是，隐瞒这个会计账目问题是犯法的，也会违背这位职员的职业操守和正直诚实。在这个案例以及许多其他类似的案例里，问题本身的"平淡无奇"（everydayness）掩盖了它们实际上的复杂性。

和任何一个组织中的所有人一样，这位信贷部职员所面对的只不过是无数个困难而常见的挑战之一。比如说，当你没有时间或者没有资源去做自己绝对该去做的事情时，你怎么办？在情况如此晦暗难明，如此不确定，以至于你甚至不知道该如何判断对错的时候，你会怎么办？当某个非常有势力的人强迫你去做完全错误的事情的时候，你又该怎么办？类似这样的问题，正说明了负责尽职的、日常性的领导之道的复杂性所在。

这位信贷部职员最终做了正确的选择——不过，他采取的办法却并不符合英雄式领导之道的要求。他找到了某种办法，既披露了这个会计账目问题，对贷款做了调整，又保住了同事的工作，同时自己也避免了陷入危险境地。他的所作所为，既没有戏剧色彩，也不够英雄主义，但事情办成了。他所遵循的，正是本书所提供的许多基本准则。他行为谨慎，筹划周到；他行动机敏，并且始终保持着自己的政治"触角"全方位打开；他在做正确事情的过程中，变通了银行的几条规则。总而言之，他通过一种与众不同的、异于常规的，同时极其有效的思考和行为方式，解决了他所面临的问题。

令人惊讶的方法

我对沉静领导之道的发现与理解，来自我对大量实际案例的认真研究，这些案例探讨了人们——尤其是公司管理者们，在面对某个艰难的伦理挑战时，如何采取务实可行、负责尽职的方式来应对。我发现在这些情况下，这些人都很少采取大胆的、勇敢的行动。人们并不是明确表达自己的立场、价值观，号召许多人追随他们，他们对自我牺牲没什么兴趣，而且常常并没把握，甚至并不知道到底该如何解决眼前的问题。

作为个人，这些人是谨慎谦逊的，是好问多疑的，是敏锐实际的，对他们的个人利益有着明确的认知和判断。他们不是那种具有超凡领袖魅力的人，没有多大的权力，也并不把自己视作传统意义上的领导者，而是更愿意在幕后进行活动——平心静气地、小心翼翼地、深谋远虑地。

结果，他们做了正确的事情，或者，至少使正确的事情发生了。他们进行了艰难的抉择，化解了令人困扰的局面，也使世界更美好。尽管本书中所有的名字都是化名，所有的故事都是根据事实改编后的版本，但是它仍然通过生活中的真情实景，描述了沉静型领导者如何看待问题和应对工作中所面临的挑战。因此，这本书从某种意义上讲是一本工具书或者操作指南，书中的每一章都提出了一项沉静型领导者经常遵循的特殊准则。

最基本的准则可以非常简洁地加以概括。在第1章中，我建议面对困难问题的人不要在自己有多了解情况、能多大程度地控制局面这个问题上自欺欺人。第2章则解释了为什么人们应该预料到在困境中自己的动机会很混杂甚至令人十分迷惑，并且探讨了混杂的动机究竟多么有用、多么重要。

接下来的各章则一脉相承，提出了相当实用的策略准则。

清点你的政治资本，小心地加以利用。如果你所处的环境捉摸不定或者危机四伏，在有所行动前要先想办法争取时间。不要把时间花费在说教和鼓吹上，而应该深入钻研你所面临问题的技术方法和你所处情境的政治关系。努力设法寻找使规则得以变通的所有富有想象力的可能性。在解决问题的时候，不要贸然激进、仓促行事，而应该试着去投石审势，轻推渐进。最后，不要忽视、排斥妥协的解决方案——沉静型领导者把创造性的妥协视作无价的实用艺术和负责尽职的领导之道的基本因素。

这些准则虽然说起来都很简单，但该如何善加运用，就很需要开动脑筋了。首先，它们有可能会被错误理解和不当应用。对规则的变通会演变成对规则的破坏。有些妥协只不过是毫无想象力的、简单的对矛盾冲突"各打五十大板"的行为，还有些妥协则是对基本原则变相的出卖和背弃。沉静领导之道的每一条准则都是一把双刃剑，而且都可能成为无所作为或不择手段的借口。因此，所有的这些准则都需要经过充分理解和细心检验。

如果这些准则被当作能够解决所有企业真正难题的良药，那也是对这些准则的误用。当妥协背叛了重要的价值信条，当领导意味着挺身而出和付出代价，这时，正确的解决之道是再清楚不过的了。沉静型领导者清醒地懂得，有些局面需要直接、强悍、勇敢的行动，有的甚至呼唤英雄主义的行为。

因此，清楚什么时候运用和如何运用这些策略工具，明白它们的局限和风险同样是非常重要的。

　　一般来说，沉静型领导者把他们的方式看作解决前进道路上所遭遇难题的最有效途径。他们把强硬手段和英雄行为视作迫不得已的最后一招，而不是第一选择或者标准模式。这和那些把战斗机降落在航空母舰上的勇敢的海军飞行员在受训时被告知"绝不存在既老练又冒险的飞行员"⊖都是一样的道理。换句话说，未雨绸缪、小心谨慎、注意细节往往是解决日复一日的挑战的最佳策略。

没有所谓的"小事"

　　那么，这些耐心的、无奇的、日复一日的努力所累积起来的结果究竟是什么呢？答案是：那几乎就是一切。人们所面对的绝大多数的艰巨问题，无论源于组织内部还是外部，都不是靠组织高层某个人迅速果决的行为来解决的。往往是那些不引人注目的人，远离镁光灯、摄像机的人，通过他们谨慎小心、深思熟虑、细微踏实的行动，起到至关重要的作用。简而言之，影响和改变着世界的正是沉静领导之道。

　　这个结论既重要而又容易被忽略。我们从年纪还很小的

⊖　这句流传颇广的行话的完整摘录是："既有老练的飞行员，也有冒险的飞行员，但是绝不存在既老练又冒险的飞行员。"——译者注

时候开始,就知道了要敬佩伟大的领导者,他们的远见、勇气和牺牲使我们的世界更加美好。但是,仅仅考虑那些伟大人物和英勇行为,会使人难以理解为什么沉静和日常的领导之道是如此重要。

细微的努力有时就像从山顶滚下来的雪球,越滚越大。有的时候,它们会在生死抉择的时刻使事情向正确的方向发展。有的时候,那些看上去微不足道的行为会在他人的经验中扎根,从而在几个月甚至几年以后对他们产生真正的影响,最终影响他们个人的发展,而且,即使那些细微的行为并没有直接带来更大的成果,它们仍会由于其正确而发挥作用。美国国会前议员布卢斯·巴顿(Bruce Barton)是一家重要的广告机构的创建者和一位杰出的企业领导者,也写过许多宗教类书籍,他发现:"有些时候,当我想到多少影响巨大的后果都是源自'小事'时——随口说出的一句话、在肩膀上的轻轻一拍、掉在报摊上的一枚硬币,我会觉得其实根本没有所谓的'小事'。"[3]

换句话说,沉静领导之道并不仅仅是一些极其实用的策略,它也是一种关于人、组织、有效行为的思考方式,它还是一种理解事物发展进程并选择最好途径以追求卓越的办法。并且,从小的方面来讲,沉静领导之道也是一种信念——一种对于被史怀哲先生称作"细微而模糊的行为"中蕴含的基本力量充满信心的表示。事实上,这种绝对坚定的信心是沉静型领导者与那些伟大领导者和英雄所共通的一点——他们中的大多数在几年和几十年中沉静而耐心地工作,为他们辉煌的成就奠定基础。

这本书的其他部分分析了正在发挥作用的沉静型领导者,并从他们身上得出些经验和教训。我们会看到为什么这种领导理念如此有效,同时分析它的缺陷和风险。本书最基本的一个目的,是为那些希望以自己的价值观立身、解决棘手而严肃的问题,同时不危及他们事业和声誉的人提供一套有用的、能够操作的办法。尽管如此,在我们开始仔细观察沉静型领导者的做法之前,先来了解一下他们是如何看待这个世界,又是怎样思考人和组织的,这很重要,也很有必要。

| 第 1 章 |

LEADING QUIETLY

不要骗你自己

沉静型领导者是现实主义者,他们努力看清楚世界的本来面目。这意味着他们凭着某种"第六感"似的本领,认识到千奇百怪的世事都可能发生,并且也经常发生。它们之所以会发生,是因为人们行为的动机各种各样,正直或是邪恶,清晰或是糊涂,理智或是狂热。也就是说,现实主义既不是悲观主义,也不是犬儒主义。现实主义创造了足够的空间,来接纳所有现实——不管是多么令人惊奇、诧异、愕然的人或事。

有些时候,事情比预想的更糟糕,看似简单的问题变得复杂难测。这也解释了沉静型领导者为什么都小心谨慎、充分估计变化、时刻提防身后。有些时候,事态发展比预想的要好很多,沉静型领导者就会因准备充分而能抓住机会。但更多的时候，即便事态的发展方向与所有人的料想都完全不同，沉静型领导者也能够做到随机应变、转圜腾挪。

在沉静型领导者的眼中，世界更像是一个千姿百态的万花筒，而不是一个固定不变的目标或者一片有精确绘图的地带。在大多数组织中，大多数情况下利己主义、目光短浅、强词夺理与忠诚不渝、坚持不懈、刚正不阿交错混杂，难以分开。在现代经济力量的推动下，在当今生活忙碌与刺激的影响下，在根深蒂固的人类本性的驱使下，这种交错混杂的状况会持续下去。

因此，沉静型领导者重视信任，但他们也没有忘记信任可能会多么脆弱。他们虽不愤世嫉俗、怀疑一切，但也不会对其他人（或者他们自己）抱过高的、过于理想化的期望。他们敏锐地觉察到权力的局限性和微妙性，即使是那些身居要职的人也不例外。沉静型领导者们很清楚，这个世界分为实力在握的圈内人和雄心勃勃的局外人——圈内人警惕地守护着他们的利益，而局外人则试图通过竞争挤进内部圈子。这些都是沉静型领导者在解决棘手问题时步步为营、循序渐进的原因。

让我们一起来分析一下丽贝卡的案例。作为一名医生，她刚刚开始在一家小医院担任CEO。上任伊始，她所面临的挑战之一，就是处理一项对某位医院领导的性骚扰指控。丽贝卡以前处理过这类问题，了解它的常规做法。这个问题很恶劣、令人不愉快，但是看上去解决起来似乎并不是很麻烦——至少一开始时不是。

与米勒交锋

在 1997 年，丽贝卡刚刚就任位于内布拉斯加州奥马哈市圣克莱蒙医院的 CEO。当她得到这个职位时，许多人都感到惊讶，因为她以前只是在一家大型 HMO ⊖所属的小型便利医疗连锁机构担任过 8 年的副总经理。此外，与所有前任 CEO 都不一样的是，她并不是天主教徒。

显然，圣克莱蒙医院董事会在聘用丽贝卡的问题上是仔细计算过风险的。那些董事很快就对医院面临何等困境达成了共识，但是却很难决定谁才是解决这些问题的恰当人选。多年来，医院的市场份额不断下降，好几家与其情况类似的机构都已被迫停业。管理医疗⊜的改革导致了对医院的医生、护士、行政人员的大幅度调整，患者们的抱怨也迅速增多。支持丽贝卡的董事会成员相信她能给医院带来活力和激情，创造新的途径来增加医院的业务量。其他董事会成员则支持一位内

⊖ 健康维护组织（Health Maintenance Organization），美国的一种医疗合作组织。——译者注

⊜ 管理医疗（Managed Care），对同类病人的治疗方法进行规范化的管理，是介于针对个体病人的传统临床医学和针对群体的公共卫生学之间的一种医疗形式。——译者注

部候选人，他们相信财务经营上不景气的医院需要一个深谙机构内情的领导者。最终，董事会通过了对丽贝卡的聘用。

上任几天后，董事会主席来到丽贝卡的办公室，告诉她一件相当棘手的人事问题。一位身体很弱小的办公室雇员梅兰妮，正准备向州劳工就业部投诉，要指控医院的副院长米勒性骚扰和歧视。丽贝卡几周前才遇见过米勒，跟他聊得很愉快，对他自信的态度和冷静的魅力记忆犹新。50多岁的米勒英俊魁梧，在圣克莱蒙医院已经工作了25年。他几乎担任过医院里所有非医疗方面的重要职位，包括社区事务主任和会计负责人。米勒出身于奥马哈的一个显赫家族，而且正是董事会保守派推举的内部候选人。在董事会公布丽贝卡当选之前，大多数医院员工都认为他会成为新一任的CEO。

那位主席刚一走出办公室，丽贝卡强忍的怒火就一下子迸发出来。早在几周前，董事会主席和其他几个人就已经知道这件事了，却拖到现在才告诉她。更糟糕的是，这位主席承认他曾经和前任CEO讨论过这个问题，而前任CEO认为在他任期内不可能查出什么结果来，于是决定不介入此事。丽贝卡认为这不过是一种遁词罢了。同时，她意识到自己非常信任梅兰妮，尽管她们素未谋面。同梅兰妮一样，丽贝卡的身体也有残疾。十几岁时，她滑雪出过一次事故，至今走路还明显地有些跛。

由于丽贝卡在过去的工作中处理过一些性骚扰指控，她对眼前的问题有一定了解。医院的声誉已经因为经济问题受到损害，再出这样的丑闻，无异于雪上加霜。如果这件事传到州议会里，医院会受到惩罚，而受害者将提出控告。丽贝卡对这件事的处理，必然会影响到她与医院员工及董事会成员的关系，如果事情进一步公开的话，还将牵扯到她与当地社区的关系。

丽贝卡立即着手处理这个问题。好在医院有一套调查性骚扰指控的程序，她依此展开调查。在接受医院外部顾问委员会的面谈了解时，梅兰妮重复了她的指控，而她的一名同事证明梅兰妮在出事后不久就告诉了她发生的一切。在另外一些面谈中，还听到了一些谣传，说米勒曾经骚扰过医院里的另一名妇女，但她已经离开本州，并且已经失去了联系。医院的律师也告诉丽贝卡，他怀疑自己的调查遭到了干扰和阻碍，因为米勒对一些人进行恐吓。律师还听说米勒最近曾逼迫两名他不喜欢的员工辞职。

在丽贝卡听说了更多有关米勒不端品行的评论后，她惊奇地发现自己心里越来越对这个人有了某种恐惧，虽然这一点说出来，所有认识她的人都不会相信。小时候，丽贝卡天天都进行体育运动，由于胆子太大，她经常受伤。自从在滑雪时出了事故，她再也不能参与体育竞技了，于是她把争强好胜的劲头转移到高中和大学的学习上。她在读医学院的时候，遇到过一些态度生硬粗暴的教授，但让她引以为傲的是，没有一个能把她吓倒。作为一个领导者，丽贝卡给人的印象是直来直去、强悍有力的，有时甚至是冲动鲁莽的。这些年来，她曾经接到过一些意见反馈，建议她"低调处理"自己的领导方式，但她并没怎么在意。

米勒的平静使丽贝卡有所警觉。她相信米勒知道对他的指控，因为，医院里他的耳目无处不在。但是丽贝卡每天看见米勒好几次，经常与他相处一两个小时，而他无论何时都显得轻松平静。一天下午，她甚至看到米勒试图与一位指控他的受害者交谈，后者僵直地坐在那里，目光呆滞，而他却面带微笑，斜倚在她的办公桌边上。这使丽贝卡感到毛骨悚然。看来，米勒压根儿就没拿自己的所作所为当回事，也不在乎自己是不是受到调查。他有恃无恐，相信自己是绝对安全的。

律师的汇报使丽贝卡相信解雇米勒是正确的。事实上，丽贝卡的真正想法是，不能简简单单把他解雇了事，绝对该把他从办公室里拖出去，直接扔到大街上。她不想看到他做了十恶不赦的坏事之后还能逍遥法外，并认为那罪恶应该记录在他永久的档案中。此外，解雇米勒，还能满足那位指控者的最基本要求。那位女士表示，如果医院解雇米勒，她就可以不用参加通常州里为处理此类事件所举行的听证会，那样就能避免许多令她难堪的流言蜚语。

最后，丽贝卡决定不解雇米勒，也不控告他性骚扰。相反,她会想办法让他自动辞职。不过,在要求他辞职之前,丽贝卡决定先要准备好自己所需要的所有"人马弹药火力"。换句话说,她把这个大问题化整为零,分解成一系列小的步骤,并努力逐步实施。像其他沉静型领导者一样,她明白小事并不好做,而且往往是见真章的地方。例如,她准备了一份详尽的调查报告,并且花时间与律师交谈,弄清自己必须既遵守关于性骚扰的法律条文,又尊重米勒在被指控严重冒犯他人时还应享有的权利。她努力争取能用一笔解雇费,来显示出医院对一位老员工应该尽到的义务。在处理法律方面工作的同时,丽贝卡私下与两个赞成她计划的董事碰了头,让他们试着去知会和说服其他董事会成员。

终于,丽贝卡在董事会里的盟友与其他董事私下进行了非正式的会面,决定解除米勒的职务。他们所提出的意见、证据,都出自丽贝卡和她的支持者共同拟订的一份特定的"清单",其中说明了指控有多么严重,让丑闻止步的机会与可能,如果不这么办的话丽贝卡可能会辞职,以及有必要承认米勒多年来在医院服务的价值,等等。在一次秘密会议上,多数董事投票赞成给米勒一笔高额解雇费。

由于米勒有恐吓他人的前科,在会见米勒的时候,丽贝卡让一名医院保安人员守在办公室外面。会见安排在傍晚,在米勒到达的时候,丽贝卡坐在她的办公桌旁,旁边坐着董事会主席。米勒本以为参加的是一次常规的管理会议,进来后，他环顾四周，才意识到事情不对。他冲出办公室，片刻之后带进来一个他在医院里的老朋友。他希望这次会见有一个目击证人。

丽贝卡非常委婉地提出，希望他自动辞职。丽贝卡叙述了对他的调查和调查的结果，然后提到了董事会批给他的那笔解雇费，最后，递给他一封拟好的辞职信，解释说只要他在上面签名就再也不用来医院上班了，他可以在这次会后立即离开医院。第二天会有人把他留在办公室的个人物品送到他家里去。

丽贝卡庆幸自己一直控制着声音没有颤抖。董事会主席半句话都没说，谈话一度出现了短暂的冷场。米勒的脸变得跟猪肝一样红，随后把身体猛然探过桌子，乞求董事会主席不要解雇他。董事会主席大吃一惊，请米勒控制情绪，然后说自己对所有发生的事情感到遗憾，并建议他好自为之，走好以后的道路。米勒坐回到座位上，沉默不语。他拿起那份辞职信，慢慢地阅读。与此同时，他恢复了平素冰冷的态度。又读了一遍信之后，他签了名，一言不发地走出了房间。

第二天，丽贝卡向医院的高级职员们宣布米勒不会再来上班了。她措辞委婉，与医院董事会统一口径，宣布米勒自动辞职。她声称医院高度评价米勒多年来的服务，希望他在以后的工作中一帆风顺；她提醒所有人，医院的工作仍需照常进行，并宣布了在过渡期间接替米勒工作的人员安排。有些人对她宣布的事情感到惊讶,而其他人似乎都已听说了关于此事的传闻。

丽贝卡两个月的秘密计划在没有什么失误的情况下得以实施。一周后,米勒领到了那笔解雇费。危机化解了,受害者满意了,没有人到州劳工就业部去请愿,当地媒体没听到任何风声。几周以来,丽贝卡一直觉得自己裹在一身巨大的、厚重的衣服里举步维艰。现在,这身衣服被脱掉了。

一个月之后,丽贝卡家里的电话在清晨六点三十分响起。医院的人力资源部主任告诉她一定得看看当天的早报。头版的一篇文章叙述了米勒的"解雇"事件和他在圣克莱蒙医院受到的不公正待遇。整篇文章充斥的都是米勒的一面之词。在随后的几周里,报纸刊载了几封米勒同盟者的来信,抨击丽贝卡和医院董事会。当记者们询问医院这方的说法时,由于调查的保密性,他们几乎一无所获。

在此期间,有人非法闯进了医院的人力资源资料室,丽贝卡和那个最开始指控米勒性骚扰的女员工接到了深夜恐吓电话,有人扔石头砸了丽贝卡家的窗户。米勒的住处离丽贝卡家只隔几栋楼,但查不出所有这些事与他有任何关系,而丽贝卡认为这是蓄意报复。医院遭到了某种精神氛围上的围困,丽贝卡后来也说妄想症和受虐感成了她日常生活的一部分,直到米勒在西海岸找到了一份工作,丽贝卡和圣克莱蒙医院才终于得以安生。即便到了那个时候,一些董事仍在替米勒说话,其中几个人始终对丽贝卡保持着疏远和不友好的态度。

四项指导原则

以英雄主义的观点来看,丽贝卡的做法更像是投降妥协,而不是什么勇敢行为。指控米勒的证据是有力的,法律站在丽贝卡这一边。从伦理角度来看,丽贝卡似乎应该解雇米勒,而这也正是她心中深信不疑的念头。同时,解雇米勒看起来也颇有可行性——毕竟,丽贝卡是老板,而且她也并不是个害怕对阵较量的人。

那么,为什么她恰恰没有开展行动,做"正确的事"呢?为什么她不采取一种直截了当的、强悍有力的方式呢?或许是因为她上任伊始,缺乏信心?或许米勒曾经恐吓威胁她,就像对其他许多人那样?然而,即使想把丽贝卡的行为解释为胆小怕事,也不太能站得住脚。

答案是,她冷静而现实地观察了自己的处境,认定正面进攻是毫无用处且不负责任的做法。幸运的是,她并没有把这件事看成对自己勇气的考验,或者是主持正义的机会。她希望的是维护医院的利益,而不是拿自己的职位和名誉冒险。她意识到除了CEO的头衔,自己并没有多大权力。丽贝卡感到自己正在雷区中穿行,而小心迂回是最好的前进路线,她以这种方式实际而尽职地解决了米勒问题。

丽贝卡的成功之处在于她看清了所处的局势。不是因为她多么了解医院的情形或与她打交道的人，所有这些对她来讲都是陌生的。对她帮助最大的，是她对世事的了解。在她观人察事的时候，遵循的是四项指导原则。它们使她了解真正的局势，避免可能的伤害，同时非常准确地判断自己的处境，安全地驶出了身边汹涌狂暴的湍流。

你并非什么都知道

需要运用沉静领导之道来处理的局面往往是复杂的、动荡的、危险的。摆脱并控制这种局面的关键在于实事求是，而不是夸大你对事态了解的程度。

想一想围绕在丽贝卡身边的不确定因素吧。一些是个人因素与专业因素。她或者其他任何人有使圣克莱蒙医院翻身的能力吗？医疗发展日新月异，行业竞争紧张激烈，而她的医院积弱已久。丽贝卡在接受 CEO 职务的时候没有丝毫犹豫，但她常常在清晨很早醒来，躺在床上，怀疑自己是否脑子出了毛病。她估计自己很多年都弄不清这件事情。

管理层的政治关系则是另一个不确定因素。当丽贝卡开始在圣克莱蒙医院工作的时候，她并不知道谁不胜任工作，也不知道谁真正站在她这一边。如果她在头一两年里遇到麻烦怎么办？她认为事态在出现转机之前总会每况愈下，她知道重大的结构调整几乎会威胁到每个人。与此同时,董事会中米勒的支持者会把她的表现与想象中米勒的表现做比较。由于凭空想象总要比现实美好,他们很快就会对她的表现产生不满。

当然,性骚扰事件本身就是一个雷区。丽贝卡强烈地倾向于相信梅兰妮的说法,尽管她不得不承认这种事儿在某种程度上是"公说公有理,婆说婆有理"的。如果丽贝卡将调查开展下去,米勒差不多一定会否认对他的指控。这会引发一场旷日持久且死缠烂打的官司——无论在法庭上、在董事会里,还是在医院的走廊中。米勒的名声将为他赢得信任,他长期以来的同盟者会给予他支持,而其他人会怀疑丽贝卡的动机——她是想除去米勒这个眼中钉吗?她是想夺权吗?她是害怕与强手共事吗?另外,如果丽贝卡告诉梅兰妮她的官司不一定能打赢,梅兰妮很可能会把事情闹到州议会去。米勒会倒打一耙,当地媒体会趋之若鹜,米勒的同盟者会四处鼓动,而医院的很多时间和精力都会花费在这件事上,而不是用于完成打翻身仗的紧迫任务。

同时,丽贝卡也面对着伦理上的不确定因素。她必须明确对医院、对梅兰妮、对自己,甚至对米勒应负的责任,毕竟米勒有权享受该有的待遇和应有的程序。丽贝卡帮助梅兰妮讨回公道的责任,难道比她保护医院及其名誉的责任更优先吗?这些事情本身已经够麻烦的了,而伦理因素使得整个局面更加棘手、更加危机四伏。像这样对米勒的伦理指控，会在公司内部一石激起千层浪。它们会激发强烈的情绪，增强每个圈子内部人的忠诚度，有时甚至把公司分裂成许多不同的阵营。米勒并没有被指控疏忽大意、判断失误或者有其他什么失职行为，受到抨击的是他的个人品德——连带着，这也指责了他的朋友和支持者的品格和判断力。指责一个人犯错是一回事，而像这样指责他和他亲近的人品质奸邪，就完全是另一回事了。因此，对米勒的指控很容易使丽贝卡面对的其他问题激烈化和复杂化。

丽贝卡面前布满了巨大的不确定性和危险性因素。一旦出错，会给她本人，给医院，给很多其他人造成伤害。丽贝卡感到危机重重、踌躇不定，所以她如临深渊，如履薄冰。这不是软弱和怯懦的表现，只能说明她认清了形势。总而言之，丽贝卡是一个现实主义者——她不会在局势的复杂性上哄骗自己，她采取一种谨慎谦卑的态度来对待问题，乐于相信有很多事她还一无所知。

你会惊讶

这四个字充分形容了沉静型领导者的世界观。像丽贝卡一样，他们总是设法多想几步接下来的棋路。他们进行分析，做好准备，拟订计划。他们揣摩那些未知的因素并审慎地加以判断。然而，甚至在做好了所有这些之后，他们仍然准备迎接各种意外的发生。

换句话说，沉静型领导者相信他们需要和两类未知因素打交道。一类是"已知"的未知因素，它们显然不确定，可能这样发展，也可能那样转变。优秀的领导者试图将这些偶然性纳入计划的范畴。另外一类未知因素更具挑战性。它们是"未知"的未知因素。这就完全无从预料、无法计划了。没人能探测到它们，它们在人身上潜伏着，突如其来地搅乱人们本来的周密计划。

在丽贝卡的故事中出现的这些大小意外，说明了做好迎接变化的准备是何等的重要。包括丽贝卡自己在内，很少有人能够料到她会被任命为 CEO。她年纪轻轻，是个外人，还是卫理公会教徒。她从来没在医院工作过，也从来没有领导过整个组织。然而，尽管如此，丽贝卡却得到了 CEO 的职位。当这个职位空着的时候，无论是米勒和他的同盟者，还是董事会的保守派，都没有预见到这个结果——他们坚信米勒是理所当然的继任者。

当然，米勒事件，对于丽贝卡来说是令人惊讶的意外。同样使她感到意外的是她得知此事的途径——居然是她一向以为自己了解并信任的董事会主席，在她刚刚上任的时候，突然将这件事推到她面前，以及米勒令人费解的愚蠢——他居然不顾丢掉工作和失去成为 CEO 的机会的风险，对梅兰妮进行骚扰，而且这恰恰发生在寻找新任 CEO 的这段时间里。

丽贝卡惊讶地看到米勒在接受调查时仍保持冷静；看到即便是在困难重重的局势下，梅兰妮依然不屈不挠地坚持指控米勒。最后，她对自己感到吃惊。她一辈子都是个斗士，却受到了米勒的威胁；而就在她刚刚开始梦寐以求的工作之后，她居然怀疑自己是否做出了一个非常错误的选择。

所有这些意外都是可以解释的，没有一个是纯粹的偶然事件。而隐藏在"未知"的未知背后的逻辑关系，只有在回顾和反思的时候方才露出庐山真面目。或许董事会在聘用丽贝卡的时候是仔细计算过风险的；或许董事会的领导者掩盖米勒事件是为了促使丽贝卡接受她的职位；或许米勒是一个自我毁灭型的人；或许梅兰妮怒火中烧，为了复仇不惜任何代价；或许丽贝卡之所以害怕米勒，是因为他使她陷入压力当中。在它们发生之前，丽贝卡从未预料到会出现这些事。这并不是因为她天真幼稚、目光短浅，或是缺乏想象力。丽贝卡已经非常努力地去了解她要应对的局面，并且认为自己很清楚要冒的风险，但是深刻影响着她在这个岗位上第一年工作的那些因素，说实话都是不知从哪儿突然就冒出来的。

丹麦哲学家克尔凯郭尔⊖说过，我们可以通过回顾过去来理解生活，然而，若要真正生活却必须不断前行。在回顾中，我们经常会找到有些事会发生而另一些事没有发生的原因所

⊖ Soren Kierkegaard，19世纪著名的丹麦宗教哲学家，又译为祁克果或齐克果。——译者注

在。但像丽贝卡这样的人面对的问题，同样需要他们向前看。往往会有许多不同的因素和力量在事态发展中起作用，很难说哪一种是影响最大的。

有些人认为这个问题的答案其实非常简单：只要假定人们都依照自己的利益行事就可以了。这看上去颇有道理。然而，在很多情况下，人们追求个人利益的行为是断续的、延迟的、间接的。有的时候，就像米勒事件那样，他们也许出了差错，或者因懒惰而选择走捷径，也许感情或无意识的想法占了上风，或者不能确定自己真正的利益所在。而即便人们直接追求一己私利，他们与其他有同样做法的人也会发生冲突。利己主义、利他主义、混乱迷茫、贪婪欲望、机会主义、奉献精神，以及理性思考，这种种因素所形成的合力偏向何方、强度多大都是我们很难预料的。

对身处今天变幻莫测的世界的管理者来说，理性意味着预料到明天会发生一些今天所不曾想到和不能想象的事情。这就是那句俗话"计划不如变化快"，或者古语"机关算尽，始料未及"的本原所在。这也就是丽贝卡选择一手导演米勒的辞职，而不是将其解雇的原因所在。她不想再冒出任何意外了——无论是米勒反击的能力，还是其他内部成员对于他们一位同伴的失败遭遇的忍耐程度。

丽贝卡很快就发现是非对错的问题是整个事件中最简单的部分。好在她同时意识到真正的挑战是认清这个变幻多端而模糊复杂的局面，并取得事情的进展。作为历史上最大一次战略大进军的策划者和一位谨慎平静的人，艾森豪威尔曾经说过"依靠计划方法，但别笃信计划"，[1]这就是指导她行为的第二项原则。

时刻注意圈内人

时下人们在谈起组织扁平化、内部等级淡化，或是上司的角色向指导员和教练转化的时候，往往会提到第三项指导原则。它明确指出，组织内部划分为地位相对安全的圈内人和地位岌岌可危的局外人。换句话说，组织内部系统的运行就跟太阳系一样，有些人处于离其核心较近的位置上，而其他人则远远地徘徊在动荡不定的外围轨道上。

在大型的传统公司里，圈内人往往是经过长期而激烈的斗争脱颖而出的胜利者——他们已经出人头地，爬上了组织的顶端或占据了关键岗位。在小型的新兴公司里，圈内人则是公司的组建者和贡献资金、技术、重要关系纽带的人。这些圈内人常常拥有大量的公司股票，而且可以买到更多股份，连 CEO 都对他们俯首听命。

当然，内部核心和外围的界限并不是密不透风的，公司也不会列出名单来指明哪些是圈内人，但是人们对于每个人离内部权力和影响力的核心圈到底有多远还是心里有数的。他们知道谁被邀请参加了重要的会议，而公司在会议召开之前会请教和咨询什么人。他们知道圈内人决定着谁能得到资金、提拔、奖赏和机遇——包括成为内部核心成员的机遇。与此同时，局外人的地位是不甚牢靠的。

丽贝卡对这一切都十分清楚。在以前的工作岗位上，她是一名内部核心成员。如今一切都要从头开始。在她看来，圣克莱蒙医院的内部核心包括五位长期董事、一位当地的天主教大主教、两位经常代表医院出面的律师，以及几名医院的元老级雇员，其中也包括米勒。虽然作为CEO，在外人看来丽贝卡是内部核心的一员，但事实上她还处于实习阶段。支持她的董事希望与她共事，愿意帮忙，同样，其他董事也会支持别的候选人。然而，为了成为一个真正的圈内人，丽贝卡必须树立威信、发展关系网。这需要时间，需要长期的共事，尤其需要一份成功的战绩。在此之前，她的地位也是不甚稳固的。

这就是丽贝卡在与米勒交锋时，行动始终极为谨慎的部分原因。设法逼迫米勒辞职，就等于要求内部核心驱逐它本身的一名成员。他们有充分的理由这样做，但他们也很容易做出其他选择。他们可以先安抚梅兰妮，然后使他们的朋友米勒在一段漫长而从容的时间内体面地离开公司。或者，米勒的一些长期盟友甚至会试图帮他抵赖。他们中的某个人很可能会说："这种性骚扰的事儿，一般还不是各说各的吗？我认识米勒都这么多年了，我才不相信他会做出这种事来呢。"

如果有可能的话，丽贝卡希望米勒能迅速辞职，悄然消失。尽管认为他活该被扫地出门，连半个子儿的解雇费都不该给他，但她还是采取了另外的方式。如果米勒真的被开除的话，他一定会反击，会煽动他的支持者，会威胁去法院打官司，会毁谤丽贝卡的名誉，会使整个医院陷入长期的争执中。丽贝卡想避免出现这些情况，把米勒事件迅速处理掉，着手解决医院面临的紧迫问题。如果角色掉转过来的话，她可能采取完全不同的解决方法。然而，尽管她是米勒的上司，尽管她有指控他的有力证据，但丽贝卡始终没有忘记谁是圈内人，谁是局外人，所以她的做法恰如其分。

信任，但选择对象

我们生活在一个玩世不恭的年代——电视和报纸上经常会报道一些公众人物泥足深陷甚至一身污点；历史学家们证实了往昔几乎所有伟大人物的弱点和失误；社会调查常常表明，大多数人对公务员、商业家、律师以及其他的许多职业评价相当低；在企业里，许多人都听说过关于高层领导者的负面"内幕"。

对待所有这些负面的信息，一种选择是将其视作生活中的基本事实来接受。当然，另外一种选择是努力超脱出犬儒主义者的思想境界，坚持对人类本性抱有希望。后者的想法值得钦佩，但结果却使得人们在流氓恶棍和损人利己者面前毫无防范，不堪一击——太多的信任其实是过犹不及的。

对沉静型领导者来说，信任就像一块美丽的水晶制品，得之不易、价值不菲、脆弱不堪。沉静型领导者并不愤世嫉俗，但他们在付出信任时是相当谨慎的，不会把它当作随便丢出去的零钱那么随意。他们努力赢取别人的信任，希望得到相应的回报。他们察人观物，断定建立一种相互信任的关系是否有价值，然后再谨慎行事。

这正是丽贝卡对待米勒的方式。她没理由信任他这样的老滑头，而且，在丽贝卡到来之前，他在圣克莱蒙医院这个小王国里一直处于王储的地位。他绝对可能知道丽贝卡正在调查他，并正在做反击的准备。她必须清楚的是，为了保护自己的利益，他会不择手段。意大利有一句谚语："对耳闻的事一句也别信，对目睹的事也顶多半信半疑。"它形容的正是丽贝卡对米勒的态度。

但是米勒的问题对她来说还不算复杂。显然她不能相信他，她也没有这样做。真正的问题在于判断谁有可能支持她——在这个性骚扰事件上，以及在医院迫切需要的一些重大变革中。丽贝卡从来没有与医院的任何雇员或领导成员共事过。相反，米勒的朋友遍布整个医院，有他聘用来的人、提拔过的人、共事过的人，但是没有一个人身上贴着标签："我是米勒的人。"在最初的几周里，丽贝卡对人们做出了初步的判断,但这是暂时的。由于是新来的一把手,任何人在对她表示肯定和支持的时候都是审慎的。建立信任需要时间,让丽贝卡深度相信任何人都还太早了点儿。

甚至连丽贝卡与董事会之间的关系也都还是脆弱的。她上任的时候,那些董事对她说非常期待与她合作,而且随时乐于助她一臂之力,通过几个小时的相处,她对董事会主席也产生了好感。可是,没有任何人向她提起过有米勒这枚定时炸弹,丽贝卡认为让她恢复对董事会的信任需要很长时间。并且,她不可避免地怀疑,除此之外到底还有多少事是自己所不知道的。

总之,当丽贝卡理智现实地观察自己的处境时,她难于确定任何可以相信的人,这也是她没有采取直接而强硬的手段的另一个原因。在不知道谁会在暗中给她使绊子之前就贸然行动,是相当愚蠢的。

丽贝卡这个故事的最后一幕,证实了用非常理智、非常现实的态度来看待棘手的伦理问题是多么重要。在这四项指导原则的帮助下,丽贝卡睁大了眼睛,看清了事物的真相,这一点在她对米勒最终的处理上起到了关键的作用。随着时间的推移,丽贝卡发现圈内人长期以来建立的忠诚,改变起来是相当缓慢的,她真正可以依靠的只有很少的一些人,而圣克莱蒙医院依然是一个动荡不安的、意外频发的地方,有时甚至是危机四伏的地方。

现实主义与犬儒主义

在组织这列火车就要面临失事的危险时,明智的选择是置身事外、明哲保身。丽贝卡的前任在退休前一直对米勒的指控置若罔闻,正是基于这样的原则。丽贝卡本来也可以采取相同的策略。没人逼她踏入米勒造成的这个雷区。在处理米勒问题期间,她认真考虑过另一个办法,那就是换个工作。后来,丽贝卡说:

> 我身体里每一分理性的本能都在告诉我,应该向董事会提交辞呈。我以前不是没解雇过人,但当初我同意就职不是为了接手现在这团乱麻,而且他们聘用我的时候也没对我说清楚。实际上,我可以找到其他称心的工作,犯不着耗在这儿处理这种丑恶的事。

没有人愿意在新工作一开始就遇到丽贝卡发现的这些问题,也没有人愿意让这些问题日复一日、年复一年地愈演愈烈、阴魂不散。但希望是一回事,而事态的发展是另一回事,这就是像丽贝卡这样的现实主义者在遇到严重问题时没有临阵脱逃的原因。现实主义者深深懂得,那些不愉快的意外往往或多或少都会不请自来,而谨慎的警觉、必要的勤奋和循序渐进的计划不仅有益,有时更不可或缺,但它们并不能够确保事情一帆风顺。没有人料到米勒还会一连几个月继续捣乱和不断暗算，原本对他来说理智的做法应该是老老实实、安安静静地拿钱走人，并为自己躲过了一劫感激不尽。

米勒的做法，甚至其他更糟的行径，都不会使现实主义者大惊小怪——他们拥有老练通达的心境。古希腊最早的哲学家之一赫拉克利特说："人无法两次踏入同一条河流。"对他来说，现实是永远变化着的水流。500年前，马基雅维利○同样把人生比作一条大河，在不提出任何警告的情况下流淌和奔腾。他写道："运气，决定了我们做的半数事情，剩下另一半差不多由我们自己掌握。"² 英国伟大的道德家塞缪尔·约翰逊将世界视为"一个乱七八糟的、拥挤嘈杂的丛林，布满了阴谋、愚蠢、虚荣和自私的念头，里面所有的人，不管是邪恶之徒，还是无辜和高尚的人，都可能被打个措手不及"。³

这些古老的真理至今仍然颇具意义。在今天的组织里，很少有固定或者确定的东西。金钱、观念、才能和技术在公司和国家之间不断流转。当然，当管理者在一段时间内从事一项特定工作的时候，他们往往对它有感觉、有概念，知道应该当心什么。这维持了暂时的稳定。但是，现今那些像丽贝卡这样雄心勃勃的、成绩斐然的领导者常常会接受新的任务，随后很快就发现自己步入了新的轨道。关键在于他们认识到，丽贝卡这类人遵循的现实主义原则不等于犬儒主义。

○ 马基雅维利（1469—1527），《君主论》作者，意大利文艺复兴时期的政治家、思想家，也译为马基雅弗利。——译者注

犬儒主义把问题过度简单化了——深灰色眼镜和玫瑰色眼镜扭曲现实的程度是一样糟糕的。事实上,犬儒主义者往往相当天真——他们实际上认为自己可以预言人们的行为,只要近乎机械地断定人们的行为都基于狭隘、自私和普遍低级的动机就可以了。相反,现实主义者能够面对万变挑战——无论是好的还是坏的,是高尚的还是邪恶的,是鼓舞人心的还是令人沮丧的。对于意料之外的情形,他们做了相当充分的准备去接受。

举个例子,一位在某会计师事务所工作的合伙人在主管某项审计的时候耍了花招。为了取悦他的客户,为了不危及这笔生意,他对一些账目问题睁一只眼闭一只眼,这些问题要是报上去的话,客户会损失掉整整一年的盈利。在审计结束以前,该会计师事务所的一位经理从伦理角度出发,对这种做法提出反对。这位合伙人这时才意识到他犯了一个严重的错误,于是,他通知他的客户必须揭露这些账目问题。当客户威胁他要停止聘用该会计师事务所的时候,那位合伙人依然坚持自己的立场。最后,客户公司董事会并没有惩罚这位举报人,也没有撤换这个会计师事务所,相反,他们对事务所的诚实表示感谢。

对一个犬儒主义者来说,这个故事听着像科幻小说,但它体现出了犬儒主义和现实主义之间的重要分歧。犬儒主义者给世界披上了悲观灰暗的制服,而现实主义者则承认可能发生的事情的全面性和丰富性。犬儒主义者相信人们之所以会无休止地工作，建立新的公司，是由于他们贪得无厌、想要发财。现实主义者承认金钱的力量，但也考虑到了其他的动机：兴奋刺激、热爱挑战、渴望创造以及取得人生成就。这个审计师悔过的例子是特殊的，但是奉献、忠诚和利他主义的种子可以在沙漠里扎根。现实主义者并不指望这样的事情时常发生，但不排除它们存在的可能——因为他们排除在外的东西是很少的。

犬儒主义者会认为丽贝卡的运气实在不怎么样。前任CEO把米勒问题塞给了她，董事会欺骗了她，而她头一年的工作简直就是一团糟。现实主义者不否认这些：在几个月的时间里，米勒问题对丽贝卡来说如鲠在喉。此外，她解决这个问题的方法也产生了副作用。米勒没有上法庭——尽管证据强烈地指明他有罪，他在为自己辩护之前就被迫离开了。而且，医院的员工可能会担心，丽贝卡会用组织调整和打游击战的手段来对付他们，这会降低他们对她的信任度和忠诚度，而这正是她在未来的艰巨工作中所需要的。

然而，偏激或否定地看待丽贝卡的行为是非常不全面的。经过一段时间，她发现米勒问题带来了若干令人惊讶的好处：它使得丽贝卡、医院律师，以及几名董事会成员进行了长时间的、艰难的合作，使他们开始建立起相互的信任；丽贝卡开始成为一个圈内人；而且，米勒离开后，丽贝卡就不用对付一个有力的内部竞争对手了。在撵走他这件事上，她同样展示了顽强作风和政治手腕，医院的员工们都看得出来如今是她说了算。同样重要的是，丽贝卡也"觉得"自己说了算——从而对担负起重组圣克莱蒙医院的艰巨任务、领导医院在惊涛骇浪中前行增添了信心。

现实主义是导致丽贝卡所作所为的大部分原因，但不是全部。许多人看待世界的观点与她一样——直面和正视，既不感情用事也不愤世嫉俗。他们悟出无论任何事都有可能发生，也的确发生了。但是在面对困境的时候，许多人什么也不做：他们看见了，他们了解了，但就是不采取行动。现实主义给他们充分的理由来作壁上观。他们说"你没法跟整个政府斗"，或者"你得选择值得自己去打的仗"，或者"这不是我的工作"。只要有一点想象力，丽贝卡就能够找到避开米勒问题的途径。她本可以委托公司的律师或者董事会，让他们来整理这个烂摊子。她也可以设法打消受害者上告的勇气，从而赢得米勒的忠诚。

然而丽贝卡没有这样做。她负起了个人的责任，承担了一些风险，在很多个夜晚里辗转难眠。但是，为什么？为什么沉静型领导者会接受他们本来可以轻松避免的挑战？他们在对世界的认识上没有自我欺骗，他们对人、组织和生活充满偶然性的清醒认识也没有让他们斗志尽失。下一章我们将对此做出解释。

| 第 2 章 |

LEADING QUIETLY

相信混杂动机

明知山有虎,偏向虎山行,为什么有些人会做出这样的选择?答案是,因为有些时候人们发现自己无法置某个人或某种情形于不顾,有些东西牵绊住了他们,让他们无法抽身,于是他们不屈不挠而又创造性地开展工作。他们很坚定,不在乎艰难险阻,不在乎局势叵测,不在乎旷日持久,不在乎危机重重,始终坚持不懈。丽贝卡本来可以轻巧地绕开眼前的问题,但她没有,有些东西使她没法那样去做。

利他主义可以自然而然地解释这些行为,但这种解释很容易产生误导。人们普遍认为,领导者就是乐于为他人的利益牺牲自己的舒适和方便。

许多伟大的领导者为他们的理想做出了最大的牺牲,还有一些英雄牺牲后则是籍籍无名。

这些英雄主义的、自我牺牲的故事深深地鼓舞着人心。它们向我们展现了人类精神有时能够达到多么高尚的境界，摆脱了自怜自哀、利己主义，以及自然而然地为个人成就和贡献而自得等因素的羁绊。然而在现实中，很少有人希望成为烈士或是为某项事业牺牲自己的一切，而这恰恰说明为什么我们会赞扬和称颂少数能做到这些的人，把他们称作圣人和英雄。

其他人的本性没那么高尚，却更加复杂。像丽贝卡一样，许多人在意，甚至有时非常在意自己会给其他人或他们所在的组织带来些什么，他们也同样在意自己。利己主义与利他主义在他们的行为中并行不悖。伟大的犹太学者和教育家希勒尔㊀揭示了人类动机的复杂性，他问道："如果我不为自己打算，谁会来为我打算？如果我只为自己打算，那么我又算是什么呢？"[1]

事实上，由于种种原因，复杂混合的动机正是沉静型领导者成功的关键所在。

首先，如果他们的动机不是混合的，如果他们只是一味地利他或一味地牺牲自我，他们的努力不会那么持续，也不会那么卓有成效。沉静领导之道是在无名僻壤上艰难地长跑，而不是在欢呼的人群面前激动人心地冲刺。丽贝卡的例子说明

㊀ Hillel the Elder，犹太先哲，有类似"己所不欲，勿施于人"（即你自己讨厌的东西不要强加给你的邻居）的名言传世。——译者注

了在面对挫折和阻碍的时候，耐心与坚持是何等重要。潜在的领导者需要从众多动机中汲取力量——不论这动机是高尚的还是平凡的，是有心的还是无意的，是利他的还是利己的。他们面对的挑战不是如何压抑利己的念头和平凡的动机，而是协调、引导和控制它们。

其次，能够长期贯彻和持续的领导之道，往往就意味着领导者成为"圈内人"。这给领导者以机会，让他们能在不少问题上和很长时期内运用其权力和影响力来负责尽职。但是，人们不可能不知不觉、无意之间就成为圈内人，他们必须保持警惕、保护他们的恰当位置、保有对于决策的发言权，才能继续他们的领导。换句话说，他们需要有一个正常的关注自身利益的意识。正如马基雅维利所说："在社会中没有一席之地的人，连让狗冲着他叫两声都做不到。"⊖

传统的领导故事所描绘的可是很不同的一幅图画。它们强调的是领袖们拥有纯洁的动机，强调的是他们毫不动摇地献身于伟大的目标和高尚的事业，强调的是他们乐于挑战既有的制度。往好的方面讲，这些故事鼓舞了人心，给人们指明了方向；往不好的方面说，它们用煽情动人的话语而非现实主义的理性观点，来解释人们所有行为的动因。它们还告诉那些有着混合和复杂动机的人，他们也许会因太自私、太

⊖ 此句马基雅维利的名言旧译为："没有社会地位的人，连狗都不会对着他叫。"——译者注

矛盾、太迷惑而不能成为"真正"的领袖。

沉静领导之道的哲学则提出了一个全新的观点。它首先承认，领导者的动机往往恰如尼采㊀（Nietzsche）所说："人性的，太人性的。"它还认为沉静型领导者的成就往往要归功于他们复杂混合的动机，而不是单一动机。换句话说，在外部环境和内心世界里信奉复杂性的人，往往比那些试图粉饰棘手事实的人，更有可能战胜日常的挑战。

当然，对于思考领导者的动机来说，这不是一条方便的途径，但它给那些面对艰难的现实抉择的人，提供了非常有价值而又实用的一些道理。为了理解这些道理，我们要仔细分析两个案例，案例中的主角并不是历史舞台上的大人物或大型公司的领导者，而只是在组织中试图走出自己的路的普通人，他们都遇到了严肃的伦理上的问题，也都成功地解决了它们——通过承认并利用他们自身复杂而混合的动机。

足够好的动机

第一个案例的主人公是柯特兹，他是某大型制药公司的一名有经验的销售员。和公司许多销售员一样，他一直在向医生出售一种治疗抑郁症的新药。这种药刚开始非常受欢迎，

㊀ 尼采（1844—1900），德国哲学家，唯意志论的重要代表，代表作有《悲剧的诞生》《查拉图斯特拉如是说》《人性的，太人性的》《善恶的彼岸》《道德的谱系》《权力意志》等。——译者注

几年以后，这种药没那么好卖了，于是公司开始鼓励这些销售员宣传它的其他用途。这个办法很成功，销售额开始回升，销售员完成了定额，拿到了红利，分公司的主管们得到了提升——唯一的问题是，这次新的销售攻势是违反法律的。

联邦药物法规定，公司不得宣传未经证实的药物用途。柯特兹的公司从不明目张胆地让销售员宣传这种药除了治疗抑郁症以外的任何疗效，从这个角度讲，它是遵纪守法的。然而，在销售会议上，公司发给销售员相关的信息，却用于答复医生关于这种药在帮助病人减肥和戒烟方面的疗效。此外，公司还奖励了销售额最高的销售员，尽管其显然把药大量出售给减肥中心或戒烟诊所。

柯特兹对这种情况的第一反应就是要把握好分寸。他既不想失去赚钱和提升的机会，也不愿意违犯法律。于是他决定只有在医生主动问到那些未经证实的药效时，他才予以答复；如果没人问起的话，他自己也不会提。

在几个月的时间里，这个策略看上去既颇为实际又合乎道德。柯特兹遵守了自己的原则，销售额有所提高，而他觉得自己是守法的。但是，一段时间后，他渐渐产生了怀疑，因为他意识到自己的销售额越来越多地得益于那些未经证实的药效。于是他决定改变策略，不再回答那些有关未经许可的药效的问题，并且准备去找那些用这种药治疗除了抑郁症以外其他疾病的大夫，告诉他们这种药的副作用带来的危险。

而后，他又把他的决定和理由告诉了其他几个销售员和他的主管。他的主管说他以前没注意到给销售员造成的压力，也没考虑到该药未经许可的用途的危险性，他宣称要向他的上司提出这个问题。柯特兹的努力究竟有没有起作用，我们不得而知，因为食品和药品管理局很快就开展了一项广泛的运动，来制止出售那些药效未经证实的药品。结果，柯特兹所在的公司和它大多数的竞争者都改变了自己的营销策略。

后来，柯特兹对自己的行为做了这样的解释：

> 我显然是在做错事，而我没法承担我的行为造成的潜在后果。我的决定一半是由于恐惧——害怕发现我的销售区域内的某个大夫由于使用了大剂量的这种药，致使患者病重甚至死亡。
>
> 我也担心如果我被举报违法宣传这种药，公司会做出什么样的反应。如果可怕的事情发生，公司是不会为我撑腰的。在会议上，他们从来就没有给我们什么书面的东西。所有命令都是通过随随便便的讨论来下达的。我会很容易失去工作，没准还要承担法律责任。

按照道德纯洁度的标准来看，柯特兹的表现不尽如人意，他的动机显然是混杂的。一方面，他害怕有人受到伤害，他没有被销售额和年终红利冲昏头脑，他承认事情的真相。这都是值得赞扬的。从他担心会有患者出事这一点上，可以看出他有健全的伦理意识。他不仅仅认为自己做了错事，而且感觉到了这一点。

但是柯特兹同样希望保护自己免受伤害。换句话说，他更高尚的动机与相对低俗一些的动机绝对是混杂在一起的。他非常理智地意识到，公司在相当可疑的违法行径中非常小心地避免了留下证据。看来他也明白如果闹出了丑闻或受到调查，公司的内部核心会在自我检讨和归咎于低级销售员之间毫不犹豫地选择后者，而他不愿意成为这项交易里被出卖的一方。这或许是他把自己的担心告诉上司和同事，并且设法缓解问题的部分原因所在。在调查这件事的时候，这些会在一定程度上保护他。

显然，柯特兹行为的出发点是利他主义和利己主义的结合体。那么，我们可以从这个简单的、平凡的关于混杂动机的案例中学到什么呢？

不要再玩"找碴儿"游戏了

从这个案例中，我们所学到的第一课，与一种特殊的游戏有关，我们把它叫作"找碴儿"（Gotcha⊖）。这个游戏的基本规则是在考虑高尚的动机时一定要扯上低俗的动机，看到善举时一定要联想到恶行。如果有人说："老查理所有时间

⊖ 原文这里的Gotcha，是 I got you 的口语化表达，意指"我抓到你了"。这里翻译为"找碴儿"，是考虑音译和意译得兼。——译者注

都在为无家可归者避难所工作,他的确值得嘉奖。"你可以回答说:"是的,那是很伟大。但是查理真正的目的不过是做给上司看,要么就是想躲开他老婆。"

"找碴儿"游戏对历史人物也很管用。如果有人赞扬约翰·肯尼迪或者马丁·路德·金,一个"找碴儿"游戏的玩家就可以提起他们曾经欺骗过自己的妻子。丘吉尔或许曾经拯救过英国,不过他酒喝得太多了。心理历史学家们以玩这种游戏为业,把精英们的理想和热情解释为混乱的个性、扭曲的童年、压抑的愤怒和升华的性欲。

"找碴儿"是个有趣的游戏。它使玩家显得聪明而世故,并且还能让我们自我感觉良好:通过对所有人进行这种对号入座式的剖析,我们很容易接受或原谅自身的缺点。而"找碴儿"也是很容易成功的,因为许多伟大和平凡的人与柯特兹一样,都受到混杂动机的驱使。

然而"找碴儿"游戏背后的心态是极度不切实际的。它暗示着真正有德之人的行为动机应毫不掺杂个人利益。然而事实上,这几乎是不可能的。匿名捐赠或许是这样的一个例子,在战争中牺牲生命的士兵或许也能算上一个。但是,大多数时候,我们的动机与柯特兹的大致相同,恐怕抵挡不了几个回合的"找碴儿"游戏,就会败下阵来。

当然,指出柯特兹的动机是混杂的,算不上一种尖锐的说法。毕竟,若不是受到个人利益的强烈驱动,他也不会碰到那些问题。柯特兹能成为一个高薪的销售员，负责一个赚钱的销售区域，在一家大型的、结构复杂的、难免带有政治色彩的公司工作，不是因为他是圣方济各⊖（St. Francis of Assisi）那样的人。他在职业生涯的头几年里，也曾经保持警惕、完善经验、捕捉机遇，耍点儿别人都在玩的手腕。如果不是非常关心自己利益的话，没有人能够在"出人头地"的游戏中爬上哪怕是短短的一部分路程。

这就是为什么拿大人物来玩"找碴儿"游戏是如此容易的了。他们能够领导国家、管理大企业、指挥政治运动、引导社会变革，绝非偶然。因此，驱动他们的往往是自我意识、激烈情绪以及其他并非悲天悯人的动机，这一点不足为奇。

对有些人来讲，这个观点是悲观的、偏激的、令人泄气的，但它准确地反映了古老智慧与现代科学令人惊讶的交汇。《圣经·旧约》和古希腊的悲剧把男男女女们描写成复杂的生物，他们被许许多多的希望和恐惧、欲望和需求引上不同的道路。比较一下这些描述与认知神经科学的新学科中出现的说法，它将人类大脑描述为一些半依赖性的组件，其中每一个都担负不同的任务，有些帮助我们直立行走，另一些负责察觉危险，其他的负责记忆、计划以及爱。这些组件

⊖ 圣方济各（1182—1226），方济各会和方济各女修会的创始人，13世纪初教会改革运动的领袖。他所提出的贫穷、贞洁和服从等原则为他吸引了许多追随者，并使他成为一位受人崇敬的宗教人物。——译者注

常常同时工作，相互冲撞，结果使人类大脑成为"一个充满争论的吵闹的国会"。[2] 比起古典雕塑的和谐，我们的内心世界更像现代画中那些支离破碎的图像。

柯特兹的故事给我们上的第一课是，在乱糟糟的一堆动机面前，保持清醒非常重要。当然，他的动机是混杂的，这是事实上无法避免并且不足为怪的。重要的不是他非常关心自己的个人利益，而是他的动机并非完全自私自利。柯特兹的确关心那些有可能因为药物未经证实的用途而受到伤害的人，他既关心自己也关心他人，因此，柯特兹无法通过"找碴儿"游戏的考验，他也不是圣人故事里的人物。但他的动机符合实际的、理性的沉静领导之道的标准。这个标准关心的不是一个人的动机是否纯粹，或者是否有英雄气概，而是它们够不够好。

确定你真的在乎

在开始改变世界的艰苦努力之前，即使只是不值一提的尝试，人们也必须确定他们到底有多在意这件事。关键的问题往往并不在于是非对错。换句话说，道德上的权衡是必要的，但还远远不够。关键在于一个人能不能充分地把某个问题当成自己个人的事来解决、来坚持、来承受，并持续下去。

成功的领导者并不是仅仅认为他们应该行动，而是觉得他们必须这样做。当一个人的任务是改变哪怕一小部分难对付的世界时，这种动机的强度至少与其纯度一样重要。沉静型领导者的性格中多少有一点英国前首相撒切尔夫人所说的"铁腕"。

这意味着处于柯特兹所在环境中的人们，既需要检验他们的动机是否道德，又要检验动机的强度。幸运的是，在柯特兹的案例里，他的个人利益与对他人的关心是融为一体的。他不想伤害任何人，也不想损害自己的事业。由于柯特兹的动机是混杂的，他更倾向于坚持他的努力。如果柯特兹的动机只是一份同情心，或是他公司信条中那些鼓舞人心的句子，他恐怕就不会有什么举动或者坚持下去了。一个"更好"的人未必做得到他所做的事情。同样的，丽贝卡几乎坚持了一年，也是因为她认为这是该做的事情，而且她不愿意由于米勒妨碍了她的可信度和战斗力而吃个败仗。

为自己打算的动机不会使柯特兹或丽贝卡成为圣人。但是在这两个案例中，追求个人利益这一巨大引擎在不断运转，低俗的动机推动了高尚的动机，使得人们变得更加强大、更加坚决、更加有毅力。他们的表现尽职尽责、卓有成效，因为他们有勇气坚持自己的信念，有力量维护自己的利益。正如法国道德家德·拉罗什福科公爵写下的："我们往往应该为自己那些高尚行为感到无地自容，如果它们背后隐藏的全部动机被公之于世的话。"[3]

再说一遍，这不是一个令人鼓舞的对人类本性的看法，但它是持久的、有力的。因此，远在股票期权和丰厚分红成为常见的对员工的报酬之前，宗教领袖们已经懂得所谓有力的物质刺激的力量了。

这个世界常常表现出无从预料、令人迷惑的一面，当信任脆弱不堪，许多人将生活看作一场游戏的时候，只有那些动机强烈的人才有可能真正取得成就。仅仅想到有些事情应该做，这是不够的。沉静型领导者们想要采取负责任、道德的行动，但是为了做到这一点，他们常常需要在很长的时间里坚持不懈、相机行事。要想对实现他们的目标抱有任何希望，他们的动机就必须足够好，并有足够的强度。

不要试图去拯救世界

柯特兹的行为给我们留下了一个悬念。他在对待未经证明的药效这个问题上，做了一些事，这是值得赞扬的，但是他难道不应该做得更多吗？他的公司即使没有触犯法律的条文，也至少违背了法律的精神，而且显然这种违法行为是故意为之的，是情节严重的。这可能会危及成千上万的患者，而不仅仅是柯特兹的主顾们治疗的病人。或许柯特兹本应为这个问题提供文件证明，或许他本应越过他的上司直接向高层管理者汇报，或许他本应去找政府机构告发这件事。总之，由于把注意力集中于细微的努力和成功上面，柯特兹很可能逃避了一些更大的责任。

柯特兹为什么没有做得更多？混杂的动机是真实自然的解释。从道德的角度来看，它们更可能是不利因素，而不是有利条件。它们确实促使他采取了行动，但它们同样限制了他的作为。如果柯特兹不是这样关注自身安危的话，他可能会为别人做更多的好事。

在检验其背后的假设之前，这一指责听起来颇有道理。潜伏在这种指责背后的，是对于什么是负责的行为的英雄主义观点。按照这种观点，真正的领导者是乐于为更多人的幸福牺牲自己个人利益的。听起来不错，但是想想，如果柯特兹向公司的上层提出抗议，或是把事情闹到食品和药品管理局，最可能发生的会是什么？绕开他的上司对他的前途不会有什么好处，他的上司可能会很不高兴，而高层管理者则会把他看作一个刺儿头。柯特兹挑战的可能是一个经过周密策划的、涉及整个公司的行动。这意味着，他几乎会四处碰壁，求告无门，最后丢掉自己在这个公司的职位。

告发这件事也未必有什么好结果。由于公司小心地没有留下任何成文的蛛丝马迹，柯特兹对发生的一切并没有掌握有力的证据。而告发行为往往会在事业上自毁前途。总之，如果柯特兹不是那么关心自己的利益的话，他很可能在没能改变世界或改善公司的局面之前，就毁掉了自己的前程。

总而言之，柯特兹混杂的动机是长处而不是弱点。它们实际上给予他一种分清轻重缓急的能力，一种谦逊而警觉的态度，并帮助他在一个危险地带小心地穿行。由于担心参与一场道德大斗争带来的个人损失，他没有做出毫无用处的、装腔作势的举动。柯特兹没有打赢过战争甚至是战役，但他却成了一场小型冲突的胜利者，并会在新的一天里继续战斗下去。

由于柯特兹的动机是混杂的，他把焦点集中在可合理实现的目标上，避免了自我牺牲。他把自己的努力限制在很小但很显著的行动范畴内，在这里他可以做一些好事，而不用付出太大代价。他向几个大夫提到了那种药物未经证实的药效的危险性，他或许能够帮助一些病人避免拿到错误的处方，他为其他一些销售员树立了一个良好的榜样，或许也迫使他的上司能够重新考虑这种隐蔽的逐利销售计划究竟是不是恰当。柯特兹没有试图去改变整个世界，事实上，也没有任何可能让他去改变世界。

柯特兹面前看似简单的问题其实是复杂而危险的，而他根本不可能使公司做生意的方式发生翻天覆地的变化。这是最基本的事实。的确，沉静领导之道的缺点之一就是谨慎的人不得不克制自己，只做力所能及的事情，但这往往无法完全实现他们的希望和抱负。

柯特兹意识到他采取的是温和的手段，而且他在行动时小心翼翼、谨言慎行、诚实正直。在实践的角度上和伦理的角度上，这都比突然爆发一次英雄主义的但毫无用处的行动有更多意义。

十个脑袋的蛇

有一个老故事,讲的是谷仓里有两条蛇。一条有十个脑袋,而另一条只有一个。如果谷仓着火了,究竟哪一条蛇更有可能活下来呢?传统的答案是那条只有一个脑袋的蛇。因为它会当机立断并马上采取措施脱身,而有十个脑袋的蛇很难下定决心,移动起来也过于缓慢。

这个故事的寓意广为流传,但似是而非。我们被教导:若一家自相纷争,那它就站立不住。⊖拿破仑也说过,一名笨蛋将军的表现要好过两名优秀将军的合作。当我们想到伟大的领导者时,标准的形象是他们心(感性)脑(理性)如一,并且统一于唯一的目标。

但是这种传统的智慧可能漏掉了一些重要的东西——至少不只是决定在火灾中逃命抑或待在那里等死这种简单问题的情况下。当问题暧昧不明、变幻莫测,当它在实际和道德方面都模糊不清时,复杂的动机就展现出重要的优点。也就是说,当人们面对挑战不知何去何从的时候,不应该认为自己糊涂了或是无能的。动机复杂往往说明一个人真正了解了

⊖ A house divided against itself cannot stand,语出美国前总统林肯(1809—1865)在1858年6月获提名参选参议员时的一次著名演讲,更早的起源是《新约·马可福音》的类似语句。——译者注

事态的发展，而这些动机可以为我们指明前进的方向。

为了使你理解我这样说的道理，我们拿杰斐逊面对的问题做个例子，她是某成长迅速的大型电器公司的新任生产主管。她刚刚升迁到这个岗位的时候，她上司的上司，公司的一名副总经理，把她叫到一边并给了她一些建议。他说她手下的一名叫艾丽斯的员工非常麻烦，最好能够迫使她自动辞职。他的话听起来像是个建议，但他眨都不眨一下的眼睛和绷紧了的声音说明——这是一个命令。

杰斐逊决定谨慎行事，并且对艾丽斯的事慎重调查。她发现艾丽斯最近的表现相当差，但她是一个单身母亲，带着两个都患有学习障碍症的孩子。当杰斐逊弄清了艾丽斯的处境，她决定把副总经理有些强迫"意味"的建议放在一边，给艾丽斯一个成功的机会。杰斐逊认为这是自己应该做的事情，尽管她不是律师，但她相信这是她在法律上应负的责任。

但是，对杰斐逊来说，解决问题的正确途径并不那么好走。在做其他许多事的时候，杰斐逊必须抽出时间了解艾丽斯，赢得她的信任，想办法重新分配她的工作，使她能够在照顾家庭的同时干好自己的工作。此外，她还得在那位副总经理问到艾丽斯是否已经离开的时候顾左右而言他——显然压力相当大。所有这些努力得到的成果，是艾丽斯的表现有了进步，而那位副总经理不再闹着要解雇她了。

在后面的某个章节里，我们将仔细研究杰斐逊处理问题时采取的策略。但现在的关键是她的动机。关于她的决定背后的一些因素，杰斐逊如是说：

> 我出身于一个工人阶层的家庭，家中有兄弟姊妹。我父母都来自工人阶层的家庭，吃过很多苦。我从我父母身上学到了通过努力工作和下定决心，你能够做到想做的事情。我还懂得了所有的特权都伴有某种责任。想起这些，我把它们用到了艾丽斯的身上。我可能会考虑解雇她，但我必须保证她有机会取得进步。我需要了解为什么一个工作了15年的老工人会出现这些问题。
>
> 同样重要的是，我必须确定自己没有使手下得到错误的信息。解雇她可能会有损于我作为一名主管的领导能力。如果我草率地解雇了他们中的一个，我怎么赢得手下这些员工的尊敬和信任？但是一些员工确实很讨厌艾丽斯，认为她是朽木不可雕也。那怎么办才能做到公平，才能帮我为将来的发展铺路？
>
> 如果我做了错误的决定，那我怎么好意思面对自己呢？我也离过婚，那段时间里我的情绪状态也影响了我在工作中的表现。我了解到有些事能够给一个人的生活带来毁灭性的灾难。但是当我从个人角度同情她的遭遇的时候，我又不能允许这些事情成为借口。

> 我必须谨慎从事的另一个原因是，我的所作所为上司和手下都看在眼里呢。

杰斐逊的动机有两点是非常突出的。首先，这些动机正像我们所说，是混杂在一起的。杰斐逊坦率地说她想帮助艾丽斯，并且也想为自己的未来发展铺路。其次，她的动机相当复杂。事实上，当她一一列举的时候，它们看上去多少有点杂乱无章。她在陈述中列出的是一张没什么特殊顺序的长长的清单。风马牛不相及的事，离婚和管理，野心和同情心，全都搅和在一起。这看上去是一条混乱的、情绪化的、右脑解决问题的途径。她看起来和那条有十个脑袋的蛇一样在考虑问题，注意到许多不同的责任、个人感受、效忠和务实的想法。

但是，在日常的麻烦的情况下，事情含混不清，不断变化，成功就有赖于同时把握一大堆想法。在这些案例里，动机复杂的领导者常常有一个真正的优势：他们有很好的机会真正理解事态的发展。他们不太可能忽略细微的差别，遭遇以前出现的障碍，追求不切实际的幻象，或者落入陷阱之中。他们同样有更好的机会去做出适合那些问题的特殊形式和复杂之处的计划。

记住，杰斐逊最后成功了。她帮助艾丽斯保住了工作，而且没有给自己的发展道路蒙上阴影。这是怎么办到的呢？她是因为幸运而成功地克服了她明显的迷惘茫然，还是由于那些复杂的动机而获得了成功？

回答这些问题，我们必须更仔细地研究杰斐逊的说法。的确，她没有按照详细、科学、有序的顺序罗列她的动机，但这种批评是愚蠢的。如果杰斐逊清楚地知道重点在哪里的话，她的问题就不存在了。她的问题的根本所在就是她头脑中纠缠着的许多念头。这不是由于她思维混乱，而是由于她面前的问题的本质，她只不过看到了事情的真面目罢了。

她尽力应付的所有那些因素都是重要的、值得考虑的。扪心自问她可以忽略其中哪一个，你就会理解这一点。她是应该把她从家庭中学到的努力工作的原则搁到一边呢，还是应该把从离婚中得到的体验置于不顾？她应该忽略自己的行为留给下属的印象吗？她应该在彻底了解艾丽斯的问题之前就把艾丽斯开除了事，还是她应该忽视她的决定对工作前途可能造成的影响呢？

这些问题的答案一目了然。忽略这些因素中的任何一个，都会犯错误。这证实了她的动机并非杂乱无章。事实上，它们紧紧追随着事实——非常地接近。问题不在于杰斐逊被弄糊涂了，而是事态本身就是糊涂的。她复杂的动机只不过真实地反映出她周围的环境罢了。

切斯特·巴纳德（Chester Barnard），这位 20 世纪最敏锐的领导学研究者，把杰出的管理者的行为形容为"具体行为中相互冲突的力量、本能、利益、处境、职位和理想的综合体"。⁴ 他提出的观点将在后面的章节中得到论证：能直觉地感受到周边环境的复杂性、细微差别和不确定性的人，往往会更好地控制局面。在一个本身就动荡不安、无从预料的世界里（沉静型领导者恰恰需要在这样的世界中摸索道路），复杂的动机可能是非常出色的行动指南。事实上，在后面的章节里，会提到混合与复杂的动机引起的紧张，能给日常环境中对卓越领导十分重要的实际创造能力带来多大的直接贡献。

像杰斐逊那样的动机远远不只是缥缈的、抽象的、思维上的一些念头。它们还包含了感觉与直觉。它们凭借的是人生中重要的经验——这就是为什么杰斐逊会用从父母那里学到的工作道德和她从自己的离婚经历得来的经验来考虑艾丽斯的问题。这使那些动机变得强烈而破碎：复杂的、矛盾的动机，如果诚实地说出来的话，会使人们在深夜为之辗转反侧，无法入眠。

像杰斐逊这样的沉静型领导者并不简单地做出决定，比如解雇艾丽斯。他们会设身处地，试一试，再试一试。他们检验事态的细微差别和种种罅隙，这些小小的细节有时会变得相当关键。他们这种做法得到的结果，往往是颇具创意地解决那些由于复杂的动机不得不提出来的种种问题。这个结果就是领导学：杰斐逊的做法向其他人表明，她希望他们能够如何共事、如何相处。

即使一时间彻底迷惑也是有好处的。复杂动机有时会使人陷入混乱和挫败，但这并非全是坏事。有时复杂的动机促使人们停下来环顾四周、调查情况、做出反应、学到东西，而不是在复杂的环境下贸然行动。执行扫雷任务的工兵行进缓慢，有条不紊，但这丝毫没有使他们的勇气失色，而且在相当程度上提高了他们工作的有效性。不确定的因素、怀疑的态度、犹疑不决、时刻警惕可能是一种软弱的表现，导致人们不采取任何行动，或者使人们成为谨慎的观察者而不是变革的推动者，但它们同样体现了一种在面对这个相当复杂的世界时的谦虚精神。

在杰斐逊的案例中，她的谨慎给她带来了若干回报。她能够争取时间，了解更多关于艾丽斯的问题，想出更多帮助艾丽斯的办法。她不能确定的因素也没有使她莽撞行事。相反，她仔细地验证和探究了面前的情况，试图了解什么是现实可行的。由于不知道该何去何从，她更加努力地寻找一条所有与此事相关的人都能够接受的折中途径。简而言之，杰斐逊复杂的动机使她遵循了若干条沉静领导之道的基本策略——我们将在后续的章节中仔细研究这些策略。

人性曲木说

对于这一章里提出的观点，有人将其驳斥为一种偷懒的哲学。一个批评者会说，谁都知道（或谁都应该知道）世界是不确定的，而人们的动机是复杂的。那么为什么要赞扬自我意识、犹豫不决和谨小慎微呢？这只不过是给逃避重大的挑战寻找借口罢了。换句话说，对现实主义和实用主义的呼唤，也不过是T恤衫上印着的口号"当其他一切都失败时，你该放低标准了"换了种高级说法而已。

这种批评说出了一个事实：无疑，现实主义和实用主义也会被滥用。但是其他那些道德标准或信条，无论多么崇高，又何尝没有被滥用的可能呢？无数残酷血腥的战争曾经打响，而且正在进行，借的却是再高尚不过的政治和宗教理想的名头。当然，专注于细微的、谨慎的、努力的人们，很有可能只见树木，不见森林。但是几乎所有的观点，如果用漫画的手法来表现，突出其缺陷，或者觅出一些其违背神圣格言的话，都有可能遭到否定。无论如何，所有这些，不过是拿观念而不是用名人来玩同样的"找碴儿"游戏罢了，没高明到哪儿去。

或许现实地判断领导者动机的最好方法，是观察它们隐含的东西，观察他们日常生活中被哲学家威廉姆·詹姆士称作"现金价值"的东西。[5]对那些想要在艰难的、动荡的、混乱的环境中做自己该做的事情的人来说，有四条原则是非常清楚的。

第一，做事要有主见，不要被混乱的动机冲昏头脑。在史前时代,一种叫作剑齿虎的可怕动物经常会死掉,不是因为与其他动物搏斗,而是因为踏入满是淤泥的沟壑里逃不出来。动机往往是复杂的,只有在特殊情况下才看得清楚,因此很容易成为无休止的调查、研究、灵魂分析和内心窥测的焦点。由于动机的混合性和复杂性,关于它们到底是什么或应该是什么的讨论可以无穷无尽地进行下去。这会导致消极状态和无所作为。当自我反省像小猫一样开始转圈追逐自己尾巴的时候,当同样的念头一次又一次涌起的时候,我们往往需要休息一下,与别人谈谈,而后得出一个行动计划来。

第二,不要因为你的动机是混合而复杂的,就认为自己不能胜任,或者可以躲避领导的责任。哲学家康德曾经写道:"从人性弯曲的本质中,我们得不到任何直截了当的东西。"康德之所以会这样说,是因为他真正理解了人们行为的原因。我们必须拨开迷雾,现实地看清楚其他人和我们自己的真实面目。这意味着认识到性格和动机是不断变化的、复杂难测的。这意味着承认领导者受到了若干方向不同力量的合力驱使。有些是有意识的,有些则是无意识的;有些是理性的,有些则是感性的;有些是自私的,有些是高尚的,有些则只是并不符合这种严格的道德划分而已。领导者工作的动力,有时是可以被说明、可以被解释的。在其余的时候,我们所能得到的解释只有:"我只是觉得自己应该做一些事。"

第三,相信自己,也相信自己的动机,尤其在它们让你觉得无所适从的时候。内心的矛盾冲突往往告诉你一些重要的东西。同样，当你绝对清楚地看到道义上的真相时，千万要悬崖勒马。道义上的确定性可能是盲目而危险的。一句老话建议人们在其他人都陷入恐慌的时候要保持清醒。一个更深层次的观点是，如果你在别人都感到迷惑和沮丧的时候保持清醒，恐怕是因为你不了解事情的真相。

第四，在迎接一个严重的道德挑战之前，确保你自己的安全。沉静型领导者之所以站出来，采取行动，担起风险，是因为他们想要帮助别人，也是因为他们的利益、感情、自尊和抱负受到了威胁，就像柯特兹和杰斐逊一样。他们有所行动，一部分是由于涉及他们的切身利益。他们的动机并不是悲天悯人的，但他们有足够的善良和足够的力量。就像一个沉静型领导者说的那样："既是为了自私的原因，也是为了基本的道义，我选择了迎接挑战。"

这常常就是沉静型领导者坚持、忍耐和成功的原因。他们的动机足够复杂、足够利己，使得他们能够避免自我伤害和自我牺牲。相反，他们找到了往往颇具创造性的途径，通过幕后的工作来改善世界——谨慎地、缓慢地、渐进地、耐心地。他们遵循的是特殊的策略和战略，后面的章节将对它们进行详细的描述。

| 第 3 章 |

LEADING QUIETLY

争取时间

在面对挑战的时候，卓有成效的领导者很少为了得到"答案"而贸然行事。相反，他们的做法与传统的领导理念大相径庭。他们常常会想方设法，求来、借来或是偷来一点时间，而不是立即向目标发起冲锋。

这种策略往往可以决定是非成败。时间使湍急的水流变得平静而澄清；时间使人们能够与别人一同讨论他们的处境，然后自己把事情仔细地想个明白；时间使人们有机会去评价、认知自己的真正责任，使他们内心深处的本能浮现出来；时间给了人们观察和学习的机会，使他们理解人与事物之间相互作用的细微之处，在事态变化中寻找模式和机会。

当然，有些情形下，人们是没有时间可争取的。在一个案例中，某家新创公司的首席财务官（CFO）把一名年轻的会计师叫进了自己的办公室。"你没有把这两个客户的收入登记入账，"这位CFO说，"我要求你坐在我的办公室里，现在就把它完成。"该收入是关于远未完成的软件项目的。无论这名会计师，还是这位CFO都知道如果现在就将其登记入账的话，显然违背了会计的基本原则。他们还知道更高的账面收入会给公司下个月公开发行股票的计划带来好处。但当这名会计师提出反对的时候，他的上司打断了他。"听着，"他的上司说，"给我坐下，照我说的去做。"拖延时间或争取时间显然是办不到的。

在这样的情况下，常常会发生伟大的故事。我们可以假设自己是这名会计师，想想我们会怎么做。我们可能，也应该敬佩那些冒着很大的风险和压力，为坚守自己的原则挺身而出的人。在这个案例中，这名会计师拒绝了上司的要求，走了出去。虽然后来这位CFO改变了主意，股票的公开发行也取得了成功，而这名会计师却不久就到其他地方去工作了。但是，至少他会为捍卫了自己的原则感到骄傲。

英雄主义模式的观点认为，像这名会计师这样做出破釜沉舟的抉择，才是负责任的领导行为的典范。但是这种场面的戏剧性使我们夸大了它发生的频率。大多数时候，管理者面对的现实和道德的挑战是单调的、寻常的、微妙的。因此，人们很容易忽略或者轻视它们。但由于这些日常的情况往往比它们最初看起来要复杂得多，因此，减慢旋转木马的速度，仔细而耐心地检查周围环境,是相当重要的。

当然,争取时间看上去有点不符合潮流。有太多的杂志封面都告诉我们说,我们生活在一个日新月异的世界里,工作在一个网络时代。那些对一家公司的反应速度和工作质量不满意的顾客,往往在催促过两三次后就去找它的竞争对手做生意了。在此前"黑暗"的时代里——其实也就是三四十年前,做出决定总需要一个正式的、排场浩大的过程,像西班牙大型帆船的行驶指挥一样,需要经过一系列毫无意义的官僚主义程序。解决问题的基本原则本应是"准备、瞄准、开火",而今,我们得到的命令却是"开火、准备、瞄准"。

在这样一个世界中,争取时间真的有意义吗?答案令人惊讶——是的。那些告诉我们必须以多么快的速度做出决定、采取行动的人,正是告诉了我们事态有多么复杂、多么混乱。这个不断变化、无从预测的世界,往往会使人们没办法立即对那些变幻而复杂的问题给出答案。当沉静型领导者第一次接触某个问题的时候,他们常常会觉得无法确定、踌躇不决——就像某个人所说的那样:"我真希望知道自己应该从什么地方开始。"这种不确定感并不是懦弱或昏庸的表现,它通常是一种对未来诚实深刻的直觉。事后,当人们回顾时,大多数人都会发现许多开始的时候不曾看到的选择、差别、可能性、附带效果和隐患。

雄心勃勃的成功人士经常发现自己尽量想方设法去和新

的问题、新的机会、新的客户、新的同事打交道。他们毫不犹豫地,至少是迅速利落地解决新出现的或者意外发生的事情,结果是提高了获得被一些医学院称作"SSW⊖奖学金"的可能性——做到了迅捷、明确,但结果却是错的。

卓越的领导者把纷繁复杂视为人生的真谛,并不急于求成。他们理解俗谚"人生如战场,捷径即雷区"的道理。因此,他们在做出决定或采取行动之前,通常会设法准备好一片缓冲地带。但这样做是非常有挑战性的,因为我们生活的这个世界往往要求的是结果,而且是立即得到的结果。

沉静型领导者如何迎接这个挑战?下面我们将仔细分析管理人员面对的一个普遍的困境——上司盯着你,要你马上得出结果,以及你为争取时间可能会采取的策略。其中一些策略可能会被滥用,但在人们努力设法在困境中做出良好决定的时候,它们往往是关键的因素。

谁会被解雇

在当上路易斯顿银行某中型分行的总经理后不久,威廉姆斯就认识到了争取时间的重要性。在他得到提升的时候,一位前任副总经理曾经告诉他,这家分行正处于"过渡时期",

---

⊖ SSW 是 swift、sure、wrong 三个英文单词的首字母缩写。——译者注

而他发现这只不过是"烂摊子"的委婉说法罢了。

路易斯顿银行刚刚完成一次投资巨大的对信息技术系统的彻底革新,这同时使分行拥有了更多贷款权力,使后台的运营更加集中,使总部人员能够更好地监督分行的表现。由于竞争日益激烈,好几家当地的银行都倒闭或是合并了。威廉姆斯感到自己的一举一动都在别人的注视下——一半是由于新设的监督系统,另一半则是因为作为一个33岁的人,他现在终于开始负起了银行盈利和亏损的责任,而他的薪水很大程度上依赖于分行的经营状况。威廉姆斯视这个机会为他职业生涯的一次突破。

威廉姆斯接手的时候,分行有55名员工。在工作开始两个月后,其中的一些人给他带来了头疼的问题。56岁的珍妮特在银行工作了20年,现在是两名首席出纳员之一。威廉姆斯听人抱怨过她对待客户很粗暴,但并没有亲眼见过。当他向珍妮特提起这件事的时候,她哭了起来,不承认自己做了任何错事,并声称由于年龄的缘故她受到了歧视。33岁的阿什莱是另一名首席出纳员。威廉姆斯对她的工作印象颇深,打算提拔她为出纳主管,但是阿什莱拒绝当珍妮特的上级,并且正准备休产假。

詹妮弗和约翰是两名首席信贷员。詹妮弗做任何事都照本宣科,而且只接待那些走进银行大门的客户。约翰看上去还很有潜力,但似乎对向他提出的建议和业绩奖金承诺没什么反应。凯瑟琳是詹妮弗和约翰的工作助理，她是一个没有孩子的寡妇，在银行干了30年，现在正在癌症手术的恢复期。她总是生病，行动和走路都慢吞吞的，但她不愿意求助于银行的残疾人福利项目，因为就像她所说的："我的人生快结束了。"威廉姆斯觉得凯瑟琳的问题尤其让他觉得痛苦，因为他自己的母亲3年前就是死于癌症。与此同时，他知道没有凯瑟琳的全力支持，约翰和詹妮弗是做不好工作的。

请注意，所有这些问题都没有什么特别之处。所有的管理人员都常常会与身体不好、表现欠佳，或是说了不该说的话、做了不该做的事的员工打交道。而威廉姆斯处理这些问题的时候，需要面对的是许多管理人员非常熟悉的环境——承担着立刻要求结果的压力。总之，摆在威廉姆斯面前的是一些日常的问题。

尽管威廉姆斯希望很快处理掉这些问题，他却无法做到。除了"平淡无奇"之外，所有这些日常的问题无论在实际上还是道德角度上，都比它们看上去要复杂得多，而且掺杂着明显的不确定因素。珍妮特真的粗暴对待客户了吗？为了将她解雇或者降职，他需要搜集多少证据？凯瑟琳还需要多长时间才能恢复健康？银行应该给她多长时间？怎样才能激励约翰和詹妮弗？或许应该培训他们，但这需要时间；或许应该给他们新的物质刺激，但这需要得到总部的批准；或许他们应该被撤换，但是根本不可能在短期内找到和培训出新的信贷员。威廉姆斯面对的问题远远多于答案，他显然需要时间来考虑。

他需要时间还有另外一个理由：面对着一大堆新的员工和新的压力，他需要足够的喘息空间来整理思绪，弄清自己伦理上的责任。对那些面对他这类问题的人，现在流行的建议是去咨询自己的"道德指南针"。基本的观点是，当人们在道德问题上感到迷惑的时候，"道德指南针"可以给他们指明"真正的方向"，并使他们走上正路。在直截了当、是非分明的情况下，这种简单而机械的类比可能会有些道理，但生活和工作往往没那么简单。威廉姆斯有若干互相冲突的责任，结果使他的"道德指南针"摇摆不定。对银行的所有者，对那些能否保住工作全凭他一句话的人，对他自己的价值观，尤其是坚持公平的原则，威廉姆斯有着明显的责任。没有任何简单的、发自内心的本能会告诉威廉姆斯，是应该从一个股东代理人的角度，还是应该从"同样是人"或者一个母亲死于癌症的儿子的角度，来看待凯瑟琳的问题。来自他上司的简单命令（马上降低分行的成本），执行起来比听上去要困难得多。

由于不能挨个儿解决这些问题，威廉姆斯也需要更多的时间。问题之间是相互作用的，以复杂的方式互相影响。除非珍妮特离开，否则威廉姆斯不能把阿什莱提拔为出纳主管。他可以设法通过给约翰和詹妮弗布置销售定额，并告诉他俩他们的职位处于很不稳定的敏感区域,来鞭策这两个人。他们可能会有所反应,但是也可能有一个或者全都选择离开。威廉姆斯认为他也许可以撤换詹妮弗,但他不能同时失去他们两个人。伦理上的问题也同样交错复杂,威廉姆斯希望能做到公平,他不想被人认为是在偏袒哪个人。但是,面对种种的问题,怎么做才是公平的呢?

玩游戏

例如,让我们假设威廉姆斯受到来自总部的上司那里非常强烈的"要看到结果"的压力,可能他的上司自己也面临着很急迫的利润压力,所以急需他做个了断。这当然会给威廉姆斯造成沉重的压力。一种解决方法是快刀斩乱麻,设法在几周内解决他的人事问题。这会使他的上司认为,威廉姆斯是负责的。

但是威廉姆斯对珍妮特到底造成了多大麻烦毫无概念,也不知道她说的关于年龄的歧视是不是真的。即便他解雇了她,让阿什莱顶替她的位置,使出纳流程合理化,改善了对待客户的态度,仅靠这个来达到提高利润的目标也还至少需要几个月的时间。威廉姆斯也可以威胁要解雇约翰或詹妮弗,但是即使这种策略刺激了他们,取得新的贷款收益也得等好几个月。他可以迫使凯瑟琳承认自己是个残疾人而离开工作岗位,来改善整体的运作效率,但银行里的所有员工对她试图重新站起来的努力都十分钦佩，而且她也有可能很快恢复过来，干好自己的本职工作。总之，在威廉姆斯主管的这个路易斯顿银行分行的小小宇宙里，快速的行动所面对的风险和不确定因素实在是太多了。

威廉姆斯需要时间。当然，最好的途径是和他的上司坐下来面谈，讲清楚分行面对的问题，说服他的上司需要几个月的时间才能得到结果。但是，对于威廉姆斯这样对职位或一个公司还很陌生的管理人员来说，他们往往没有这样的选择。他们需要先做出些实实在在的成绩来，才能赢得上司的信任。在许多情况下，他们的上司也会感到强烈的压力——来自上级领导的、来自客户的、来自竞争对手的，或者来自觊觎他们职位的内部对手的。他们总不能说："好吧，给你需要的时间，只要一直让我知道事情的后续进展就可以了。"

在这些棘手的情况下，争取时间往往意味着玩一些基本的组织游戏。换句话说，有责任心的人必须采取措施来拖延行动、驱散压力或者转移那些紧盯着他们的人的视线。这些手段并不是无足轻重的娱乐，而是事实上所有管理人员都在不断采用的方法和策略。没有人认为它们是处理问题的理想方法，它们仅仅会作为第二选择或第三选择。而且很少有人会愿意在一个充斥着这类手段的地方工作。然而，负责任的管理者有时会发现这些手段不仅必要而且相当有用。他们意识到，如果他们不使用这些手段，他们就无法生存，也不能帮助任何人，而且没法攀升到可以决定游戏规则的位置上。

负责任的管理者经常玩的游戏可分为两类：权宜应急（quick fixes）和战略拖延（strategic stalling）。

权宜应急

有些拖延时间、引开视线和转移注意力的方法是不费力气、风险很小的，而它们只能争取到很少的时间。它们是"小事"，但它们常常能够争取到刚好够用的时间。每天都出现的搪塞敷衍，比如"这个时间我已经安排了事情，要不我回头再联络你？""服务器弄丢了我的电子邮件""我们可以明天处理这件事吗？"，或是"看，我还有个会，要迟到了"，等等，都可以给人们需要的时间来整理思绪、集中火力。在大多数情况下，这些策略还有一个优点，就是与实际情况吻合或者非常接近，许多人事实上的确很忙，而计算机的不可靠是臭名昭著的。

但我们不能低估有时权宜应急所需要的技巧和自控能力。在一个充满怀疑和压力的世界里，人们不可能只说一句"小狗吃了我的家庭作业"就蒙混过关。让我们看一个例子。一天早上，华盛顿特区某大型律师事务所的公关部主任威利，在听到人家要求她不要和几名同事一起参加这天晚些时候召开的会议时，惊呆了。这次会议关系到公司的一个相当敏感的问题，而几周以来，威利一直在与公司的一位合伙人合作，共同寻找解决的途径。现在就是这位合伙人告诉她说，参加会议的大男子主义者太多，若加上她这位"女性非合伙人"会使事情变得更加复杂。

威利感到震惊和愤怒。她想要冲进公司高级合伙人的办公室，告诉他她将提出一项关于歧视的指控。但是她没有说出自己的感觉，而是用一种冷静的语气告诉这位合伙人说："你知道，曾经有人告诉我说，因为我太缺乏经验，和大家相处的时间不够长，还没能赢得大家的信任和信心，所以不能参与团队的活动，但从来没人跟我说过这是由于性别。"⊖这位合伙人瞪大了眼睛，笑了出来。威利说她开会要迟到了，然后离开了他的办公室。

事实上，她并没有其他的会要开。在走向大厅的时候，许多念头在她的脑海里闪现，比如硬闯进会议室，或者当即辞职。后来她说：

> 对我来说，唯一清楚的事情是我十分愤怒，而我的怒火在惊愕的感觉消失之后有增无减。我认为自己最好的做法是走出办公室，因为我需要一些空间和时间缓解情绪，这是我职业生涯中唯一的一次。

⊖ 原文此处语带双关，I didn't have the right equipment。——译者注

第二天，威利告诉公司高级合伙人发生了什么事，而他则代表整个公司向她道歉。他告诉她，在公司里，一直以来都有很多大男子主义者，希望她能够帮助并支持他解决这个问题。她回答说自己愿意。在反思这件事的时候，威利不能确定自己的处理方法是不是对的，但她认为这在她的事业上是一个转折点。她争取到了一点时间，充分地加以利用——而且为"她能够在没有过于激动和攻击别人的前提下捍卫了自己的立场"感到自豪。

威利的努力，说明"权宜应急"并不那么容易做到。为了转移那位合伙人的注意力，争取时间，她依靠的是一点机智、一些自控力和一种胆量。尽管如此，那位合伙人可能还是会觉察到她的沮丧和愤慨。但重要的不是威利赢得如何漂亮，而是她真正赢了——在巨大的压力下，在面对一个令她震惊的决定，而且是在没有时间去筹划的情况下。

她最初的反应包括两点：首先，她清楚地表明了自己的反对态度；其次，用通常的"我还有个会"的借口争取到了一点时间。这两个小小的努力帮助她避免了大发雷霆，保护了她的名声和职位，给予了她整理思绪的时间，使她能够在第二天会见那位高级合伙人的时候，做好准备用最有效的手段来反抗公司内部的偏见。

无论如何，威利把要打出去的拳头收了回来，她的策略并不符合英雄主义领导之道的标准。然而她的判断是，无论是直接去找那位高级合伙人，还是执意参加下午的会议，坚持这样的强硬立场不会给任何人带来什么好处。从这个角度来看，她的处境和威廉姆斯颇为相似。如果他坚持强硬的立场，告诉上司迅速行动是不可能的或是不道德的，他会发现自己将被撤掉，由其他人来打扫残局。威廉姆斯会毁掉自己的前途，而且也帮不了任何人。这类情况时常发生。再举另外一个例子，一位管理人员希望阻止某种可能违反安全行业标准的行为，而他最终做到了。但是为了做到这一点，他不得不避开正面的冲突。"如果我用一个'道德家'的眼光来看待这个问题，"他解释说，"就一定会招来恶意和敌视，使得关于这个问题的进一步讨论更加激烈。"幸运的是，像威廉姆斯和威利一样，他意识到了自己在伦理上有责任拖延时间。

但是，威廉姆斯的问题甚至比威利的更加棘手。比起她来，他需要争取更多的时间，因为他需要的是几周，而不是一个下午，来完成他认为正确的行动。为此，他还必须找到其他拖延行动、转移视线和驱散压力的途径。

战略拖延

争取大量的时间是有难度的，而且有时要担风险，尤其是当人们面对立即拿出成果的压力的时候。一次明显拖延必须有看上去而实际上也的确充分的理由。无论如何，这必须是一名理智的管理者在特殊环境下应该采取的措施。最理想的情况是，拖延会使问题得到更有效的解决，但是首先，必须有效减缓事态发展的速度。

例如，拖延时间的标准办法是采取一种叫作"把所有人卷进来"的策略。要使用这种办法的话，威廉姆斯需要等几天（或者几周，如果有可能的话），然后与总行人力资源部的人面谈，了解银行对珍妮特这样的员工的政策。威廉姆斯很有可能会了解到，在解雇珍妮特这样的员工之前，必须经过一个细致的、耗时的过程。他需要向她提出警告，或许给她一个考察期，然后整理出一份关于她提出的年龄歧视的调查报告。威廉姆斯也可以咨询公关部门的意见，毕竟，解雇珍妮特或两名信贷部成员之一，很可能损害银行在当地社区的形象，而公关部门可以帮他把种种反响考虑周全，找到弥补损失的方法。这也是需要时间的。

如果运气好的话，威廉姆斯或者其他员工会发现一些不能确定的法律问题，这会给另一个传统的拖延方式（"咨询律师"）创造机会。通常对于试图迅速完成工作的管理者来说，这简直就是一场灾难。听取法律上的建议需要时间，律师们总是表现得谨慎小心，他们常常会警告说如果不能在所有细枝末节上彻底地遵守法律法规，就会导致灾难性后果。威廉姆斯还可能需要就年龄歧视问题的条款进行法律咨询。

律师的建议可以减慢人们做出决定的速度，但他们往往不是唯一能够做到这一点的外部人员。有时，一些外部专业人士的判断力和技术，对管理者来说也是重要的。顾问、会计师、财务顾问以及公共关系专家，常常会帮助管理者更好地理解问题，因此，像威廉姆斯这样的管理人员，咨询他们的意见是绝对无可厚非的。然而得到建议与遵照执行都需要时间——在制造拖延的同时将其伪装成谨慎和正当的勤奋。

一旦威廉姆斯了解到他必须满足的所有要求和必须遵循的全部程序，他就应该开始照章办事了——动作缓慢、小心翼翼、程序复杂。这是一种"研究研究"⊖的游戏。他也可以顺势把问题继续问下去，只为了确定一切都正确无误。这些问题会要求他另外咨询一些人力资源管理人员、一名律师，或者其他的专家。如果幸运的话，这样做会带来更多的要求，使事态的发展更加缓慢。

管理者还可以运用"情境想定方案"来使这个办法更加有效。这意味着发挥他们的想象力，问类似这样的一些问题：我们是不是考虑到了所有的情境？我们可以考虑其他的选择吗？有没有别的办法可以得到有关的数据？我们是否准备好了一些计划以防后患？既然我们的公司有强烈的责任参与此事，还有谁应该参与？

所有这些都是优秀的管理者无时无刻不在提的重要问题。

⊖ 原文为"Dotting 'I's and Crossing 'T's"，原意是"一丝不苟"，在此处特指一种通过抓细枝末节来拖延时间的把戏。——译者注

和其他的策略一样，其目的在于进行战略性拖延，避免贸然做出不负责任的决定，以便最终做出负责任的决定。这意味着仔细地判断，对其他人的反应始终保持敏感，目的是避免被人看作一个官僚主义者或一个阴谋家，而要让人认为你是为了小心地解决棘手的问题、保护公司的利益，或者避免给上司惹麻烦，所以才到处兜圈子。

所有上述的策略都可以通过另一种办法来加强，那就是"利用'驿马传信'（pony express）的方式来进行沟通"。电子邮件和语音邮件的传递奇迹般地加快了沟通的速度，所以它们给像威廉姆斯这样需要拖延时间的管理者造成了麻烦。如果可以选择的话，威廉姆斯会采用最慢的联络方式。面对面的会议是理想的，因为在工作繁忙的公司里很难安排这样的时间。如果有可能的话，威廉姆斯会选择传统的邮件而不是语音邮件传递，或者是选择语音邮件传递而不是电子邮件。他还要确定他请教的专家和顾问把他们的意见整理成文件，而且是仔细地整理成文件。情况的机密性和法律条文的种种可能性可以为这些累赘烦琐的措施做出合理的解释。

在结合使用这类策略的同时，威廉姆斯需要每天向他的上司汇报他做的所有事情的详细工作记录，尤其要强调的是人事问题的风险性。这会使他的上司看到威廉姆斯尽力了，而且通过努力和一点运气，威廉姆斯甚至可能让他的上司改变主意。

综上所述，最基本的问题在于他的上司承担着紧迫的、跟利润指标有关的压力，希望通过降低成本的捷径来解决复杂而潜在的问题。这是错误的，威廉姆斯清楚这一点。通过争取时间，他可以给他的上司一个机会重新考虑，给自己一个机会处理真正的问题，保护他想要帮助的那些人，而且保住自己的职位。事实上，即使最坏的事情发生了，他的上司撤了他的职，新的分行负责人也还是需要处理威廉姆斯设置的那些障碍。这可能会在更长一段时间内保护那些雇员。总之，为了使问题得到负责的、长远的解决，威廉姆斯需要采取真正的领导之道，而不仅仅是耍弄这些手段。

或许拖延时间对威廉姆斯有作用，但是如果没有用呢？如果他的上司要求他创出更高的营业额或做到别的事情，怎么办？这样的话，威廉姆斯就不得不找出办法来缓解压力。"给老板尝点甜头"是一个很好的办法。幸运的是，大多数这样管理混乱的烂摊子，在很多方面都是浪费金钱和资源的，而许多管理者为了在需要的时候表现出一定的转变与进步，都准备了一些后手和缓冲地带。威廉姆斯需要快速地检查一遍所有的业务，找到可以重新谈判的合同、可以外包处理的工作、可以暂时推后的培训项目、可以以后再补上的空缺岗位，以及那些如果给他们更慷慨的贷款利率就可能成为客户的潜在借贷人。

在会计记账上保持一定的创造性，是威廉姆斯给他的上司"尝点甜头"的另一个办法。在关于收益和成本的报告上,管理人员往往有一些斟酌处理的权力。如果威廉姆斯仔细想办法的话,就可能找到改变这些成本和提高报上去的收益的途径。这会使他的赢利有所提高。当然,威廉姆斯需要谨慎行事,他不能违背普遍认同的账目原则或银行规章。违犯规则——像前面提到的那位新创公司的CFO所希望做的事情,是一种盲目的、轻率的、没有想象力的、目光短浅的、不道德的解决问题的方法。威廉姆斯需要的,是创造性地利用那些规章,甚至可以对它们加以变通。玩这种游戏的时候一定要谨慎而有节制——如果他的分行惹了麻烦,这些会成为指控他的证据。但是如果他必须在创造性的会计记账和不公平地解雇员工之间做出选择的话,威廉姆斯可能不得不违背账目严谨性的最高标准,使用一些管理者经常会运用的手段。

而另一种选择是用其他的问题制造烟幕弹,以此来转移上司对人事问题的注意力。也许对贷款文件的仔细检查会发现一些有问题的贷款,或是有缺陷的授信批准程序。或许威廉姆斯的前任忘记了将重要的内部记录或报告向政府的管理部门及时汇报,或许新安装的计算机系统存档失败,或许不能提供重要的信用或账目信息……威廉姆斯能够找出的问题越多,而且有理有据地归咎于他的前任,他争取到时间、避免草率裁员的可能性就越大。

如果对威廉姆斯来说,这些战略性拖延的策略都不是切合实际的或是万无一失的，那怎么办？如果他的上司把他逼到了死角，命令他开始解雇员工，那怎么办？如果威廉姆斯没办法争取到更多时间，也无法让他的老板收回成命的话，他就不得不采取救急手段——有些人只好卷铺盖走人了。

珍妮特是最可能被解雇的人。如果对她的指控属实的话，她可能就损害了银行与客户的关系。看上去似乎她阻碍了一次可以改善整个出纳操作流程的提拔，似乎她在银行里的朋友和支持者是最少的。而且，如果解雇了她的话，她可能会提出一项年龄歧视的法律指控。管理者很少会对诉讼表示欢迎，但这一次也许是个例外。它会带来一些风险和代价，包括诉讼费用、可能的处罚、负面的报道，这可能会帮助威廉姆斯说服他的老板，临时的裁员绝不是最好的办法。

这一举措是危险而昂贵的，无论在实际上还是道德上。珍妮特可能会起诉，银行的形象可能会受损，威廉姆斯可能牺牲掉了一个他想帮助的人。由于这些原因，他必须把救急手段视为下下策。但是，临时裁员的决定在伦理上可能会扮演救生艇的角色——为了保住一些人的工作，必须有其他人被牺牲掉。如果威廉姆斯不得不解雇什么人的话，珍妮特可能是"最好的"选择——尽管，如果情况好一些的话，她本来可以有机会改过自新的。

幸运的是，威廉姆斯成功地争取到了时间，很好地利用了它，最终解决了所有问题。他始终没弄清楚珍妮特到底是不是经常粗暴地对待顾客,但是她确实有两次把大笔现金随意放置,使之处于无人看管的状态。由于这严重违反了公司的书面规章制度,第一次她受到了警告,第二次则使他有充分理由解雇她,而他立即这样做了。与此同时,阿什莱的产假结束,回来上班了。威廉姆斯当即把她提升为出纳主管,她迅速而积极地改进了工作。约翰和詹妮弗对他提出的口头鼓励、营业定额和物质刺激都无动于衷,于是威廉姆斯不大情愿地威胁要解雇他们。这对约翰起了作用,使他转变成一名一流的信贷部职员,而詹妮弗因此感到气馁,主动辞职了。不幸的是,凯瑟琳身体一直没有起色,最终还是彻底瘫痪了。

几句提醒的话

这一章里所阐述的策略很容易被滥用,沉静型领导者只有在迫不得已的时候才会玩这些游戏。有时候,即使暂时拖延了些时间,却是躲得了初一躲不过十五,该来的终归要来。还有的时候,这只会显得领导者软弱无能,而不是深谋远虑、肯于负责。如果老板们玩这些游戏的话,其他人可能也会纷纷效仿,上行下效,组织就会变得更加官僚化、更加政治化。而且,当这些游戏手法蔚然成风的时候,其中免不了就要掺入欺骗行径和种种遁词了。

因为沉静型领导者是现实主义者,他们对所有这些可能性都了然于胸,然而,他们同样也知道有些时候他们别无选择。换句话说,他们不得不"弄脏自己的手",否则就只能放弃像凯瑟琳、珍妮特、约翰和詹妮弗这样的人。这就是沉静型领导者对手头的时间充分加以利用,并且根据需要再争取更多时间的原因所在。在这样一个变化的世界里,有时候事态的发展瞬息万变,没有多余的时间可供争取,而这就使有限的片刻变得更为珍贵。所以,一旦沉静型领导者得到了些许喘息之机,他们就会行动起来——克制地、谦逊地、耐心地行动起来。

事实上,沉静型领导者在投入时间、精力和努力时,是极度谨慎小心的。在考虑这些问题的解决方式时,他们更像是投资银行家,而不是想成为英雄的人。在他们向山顶冲锋之前,他们首先会认真仔细地测度一番,这种方法常是他们成功的关键,我们将在下一章中深入研究这一点。

| 第 4 章 |

LEADING QUIETLY

明智投资

教授们有时候会建议即将毕业的大学生在银行里存上一笔钱,作为一个"见鬼去吧"(go to hell)的账户。如果他们被逼迫去做一些违法的或不道德的事情,有这笔钱做后盾,他们可以迅速提出辞职。这一建议听起来既聪明又现实。但是,对于那些看到了某个问题并且想要解决它的人来说,这算是个好主意吗?

首先,答案似乎是否定的。炒老板的鱿鱼并让他"见鬼去吧"可能是一件非常快意的事情,但它往往改变不了任何事情。《X一代》的作者道格拉斯·库普兰德对这种做法描述道:"情绪像番茄酱瓶子爆裂一般爆发……把自己的想法和情绪憋在心里,有朝一日突然全部爆发,让老板和朋友大吃一惊——他们中的大多数人还以为一切都挺不错的呢。"[1]另一种选择是平静无声地离开你的岗位，但这往往同样不能改变任何事情。

由于沉静型领导者希望能够解决那些复杂的问题，他们往往会选择一种更困难的处事方法，这需要真正的道德上的勇气：他们会留在自己的岗位上，去处理那些问题。然而，在他们采取有风险的、不确定的行动之前，这些领导者会做一件令人惊讶的事：他们会计算自己究竟掌握了多少"资本"。他们统计的并不是现金，而是一些更复杂、更重要的东西——政治资本。

这个可意会而难以言传的东西，主要是指一个人在工作上的声誉和群众关系，因此它是触摸不到、捉摸不定的。换句话说，政治资本的大部分内容取决于别人心里的看法。由于没有人能够准确地计算它的数量或是将其放入金库，政治资本可以说是组织生活中的硬通货。当沉静型领导者在对某一棘手问题采取行动的时候，他们会非常关心他们在这件事上到底冒了多大的风险，大概能得到多少投资回报。

他们采取的方法与传统的模式显然大相径庭。传统模式认为真正的领导者对组织资本并不在意，他们的行为都是从自己的主见和信奉的原则出发的。他们想要做的是正确的事，不是因为它会带来什么好处，而是因为它是正确的。这种典型观点的言外之意，就是道德行为理所当然应该是不舒服的、有所牺牲的，有时甚至是相当痛苦的，似乎做正确的事感觉应该像是去看牙医一样。如果做了善行义举却又毫发无损，或者实际上取得了收益，传统的观点就会对其表示怀疑了。

沉静型领导者深知领导之道和负责尽职之举的成本可能很高，但他们把这视作生活中的一件憾事。一些世间少有的、英雄主义的领导者，为了高尚的事业献出了自己的生命，但是如果他们能够活下来，多干几十年工作的话，恐怕世界会变得更加美好。从小处来讲，如果能够降低时间成本和不方便的程度，会有更多的人乐于去做志愿者的工作。由于"苦行者道德"一直都很合某些人的胃口，由于在生活中依伦理行事永远都比"上网冲浪"要更具挑战，这始终是一种不合时宜的、退而求其次的选择。

而沉静型领导者在对做正确的事加以考虑时，会持另一种观点。他们是现实主义者而非浪漫主义者，他们知道看上去简单而常见的问题有时是复杂而有风险的。因此，在他们拿自己的政治资本去冒险以前，会仔细斟酌风险和回报。在一个复杂不定的世界里，他们谋求的是以最小的风险和成本，起到尽可能大的作用。而对他们来说，最好是能够做到他们认为正确的事情，改善世界的面貌，与此同时，让他们的声誉有所提高，与群众的关系更密切。第 1 章中提到的丽贝卡在逼迫米勒离职的时候，就做到了这一点。为了医院的利益，她采取了正确的行动，同时也赶走了一个强大的敌手，赢得了董事会和员工的尊敬。

领导者拒绝浪费他们来之不易的政治资本，希望在用它们进行投资的时候得到丰厚的回报。他们没兴趣拿自己的生计、声誉和前途来冒险，而且也不会把为争取公民权利、人身自由或者国家地位的英勇奋斗，与日常组织生活中的伦理难题混为一谈。这就是为什么他们的想法更像是投资者的想法，而非想要成为英雄的人的想法。

这种方法听起来可能显得精于算计和心胸狭隘，缺少恢宏的气度，甚至不能算是一种振奋人心的方法，但在考虑何时和如何去做正确的事的时候，它不失为一条有力而实际的途径。为了理解这一点，我们将从两种不同的视角研究同一个案例。第一种视角强调的是勇气和自我牺牲，第二种视角则注重对成本和收益持谨慎、警觉和小心的态度。其中，第二种视角显得更加富有启发性和实用性。

满分

马修斯上尉在美国陆军某空降军团担任连队指挥官，这是一个由 75 名士兵组成的直属连队，士兵们通过参谋向她汇报工作，这些参谋负责一些特殊工作，比如出谋划策、搜集情报、提供补给。马修斯上尉的这个连队为五个负责维修运输装备和运送部队的营做后勤支持。

尽管马修斯是一名空降军官和西点军校的毕业生，并且我将要叙述的事情刚好发生在海湾战争前,但她所面对的问题与厉兵秣马和英雄战绩毫不相干,这个例行的事件只是需要真正的领导之道而已。而且尽管马修斯的问题是在军队里发生的,但在任何其他组织里也会出现类似的事情。

问题出现在马修斯的连队接受年度普查(AGI)的过程中。这些检查覆盖了她负责的所有工作——设备维修、安全保障、营房修缮、武器库控制和军需供应。最后一项——军需清查与维护给马修斯带来了很大的麻烦。

马修斯和她的参谋提前两个月开始为检查做准备,而且对连队的准备工作催得一直很紧。出色的检查结果很可能使她更快地提升为少校。在年度普查到来之前的两周里,她唯一觉得心里没底的是军需这部分工作。困难之处部分在于军需室实际上是一间堆满了运输装备的大仓库,而这些装备和所有相关的文件都必须符合详细的陆军规章制度。此外,负责军需的军士相对缺乏经验,而且几周以来一直被个人问题搅得心烦意乱。马修斯和她的军士长在检查到来前的10天里,把几乎全部的时间用在了整理军需室上面。尽管如此,在年度普查开始的那一天,他们还是觉得这是整个环节最薄弱的地方。

年度普查持续了两天。第一天过去后,马修斯和军士长一起对照了记录。看上去事情进行得不错,检查团只找到了几个小小的缺陷。但是,由于军需方面的工作只检查了一小部分,马修斯、军士长和那名军需官仍用整整一晚上的时间在军需室里归整文件和记录。在第二天结束的时候,马修斯得知连队通过了检查,而且军需这一项还得了满分。

这使马修斯感到惊讶和迷惑。由于当时其他检查人员正在检查她主要负责的一个地方,她没能够陪同检查团巡检军需室。当马修斯与军需官谈起这件事的时候,他只说他很高兴检查已经结束了。

然而,军士长把事情的真相告诉了马修斯。他对检查结果很好奇,于是也去询问了军需官,得知那些检查员去军需室检查的时候,只是打开门走进去看看而已,并没有把任何东西搬出来,或者检查其耐用性,而且也没核对任何维修记录。那些检查人员只是填写了他们的打分条,然后就继续巡视下一处了。

听到这些话后没过几分钟,马修斯的上级指挥官就打来电话,祝贺她在年度普查中取得了优异的成绩。马修斯礼貌地感谢了他,但在内心深处,她觉得这个消息像一块巨石沉甸甸地压在了她的胸口上。现在为应付检查准备的问题已经不存在了,取而代之的是一个更加模糊不清的问题。她是应该保持沉默,接受这个结果,并且庆幸通过了检查,还是应该把发生的事情告知总检察长?在之后的三天里,她大多数时间都在这两个选择之间徘徊挣扎。

马修斯的问题属于需要沉静领导之道的典型情况。第一,事情的发展出人意料——马修斯无法相信检查团忽略了她工作中最薄弱和最重要的环节,在军需这一项上,他们没有只给一个及格的分数，而是给了个满分。第二，作为所在营队的几十名上尉之一，她并非一个圈内人，而是更接近于一个局外人，并且也没有多大影响力，如果她惹了麻烦，部队很容易撤她的职。第三，她对于年度普查制度的信任，本来已经由于那些关于迅速而不彻底的检查的传言，受到了一定损害，现在更是变得相当脆弱。第四，她觉得自己的处境无论在政治方面还是个人方面都危机四伏。如果她有什么错误举动的话，不但会影响她自己的前途，还会对她营队的指挥官、军士以及那些检查员的前途造成损害。

对马修斯来说，简单的办法是保持沉默。事实上，当她问军士长他们接下来应该怎么办的时候，他立即建议顺其自然。他的理由是他们很可能要接受一次重新检查，而他认为没有理由为此把时间和精力从别的重要任务上分散出来。

然而，从个人的角度讲，马修斯觉得很难就这样把这件事丢开。除了她的军士长之外，再没有人知道这个问题了。她甚至瞒住了她的丈夫，他也是一名陆军军官，因为她认为他会要求她尽自己的义务，把事情向上级汇报。"我知道，"后来她说，"如果我想让这个检查结果保持原状，那么知道事情真相的人越少越好。"

马修斯的动机显然是混杂的。她之所以感到烦扰，是因为她感到西点军校的信条——"军校学员不说谎、不欺诈、不偷窃，也不容忍其他人这样做"，要求她挺身而出。同时，她担心她的这种情况并不是特例。该检查团检查的这些分队隶属于美国快速反应部队，一件小事（仅仅一个下午的一次迅速而不彻底的检查）就可以导致在紧急调度、快速反应的过程中出现问题。但是马修斯怀疑自己是不是现在才知道事情的真相。或许这种浮皮潦草的检查由来已久，已经是司空见惯了。或许她应该开始像其他人一样玩这种蒙混过关的把戏，就像军士长建议的那样。

在考虑这些事的时候，马修斯有时会觉得自己是"偷"来了这个检查结果，她害怕有人发现事情的真相。其余的时间里，她觉得自己并没有做错什么，只不过比较幸运罢了。她用了三天的时间盘算所有这些事情，一直都没有下定决心。与此同时，许多她的同级军官，以及几个她几乎不认识的上级军官，都为这次检查的结果对她表示祝贺，这使她感到更加难受。

事实上，可能正是那些祝贺促使她有所行动。马修斯最后决定约见总检察长。她私下与他交谈了大约10分钟，下面是她对这次会见的叙述：

> 那天早上，当我走进他办公室的时候，他也对我的连队在年度检查中的表现表示祝贺。我告诉他我就是来找他谈这件事的。接着，我告诉他对设备的检查是如何进行的。他说他对此感到震惊和不安，因为他十分信任他的检查员，也从来没有其他人向他提起过类似的事情。

他还说他赞赏我在这种情况下表现出来的诚实，因为他知道我是冒着经受一次对军需室的专门检查和可能被定为不合格的风险，来对他说这些事情的。他说如果我能够继续努力解决那些问题的话，他不会重新检查我的军需室。他还说他会找他的检查员谈话，而且准备以后和他们一起去检查有关军需的部分。

在总检察长说出这些话之后，马修斯感谢了他，然后走出了他的办公室。在她离开的时候，她感到轻松愉快。她尽到了自己的义务。现在她就可以在确定她的军需室管理情况良好的条件下，履行自己的其他职责了。

以传统的英雄主义模式来看，马修斯的表现是可圈可点的。她严肃地对待自己作为一名军官的责任，在检查事件上进行了诚实的努力。她明知去会见总检察长的行为可能会危及她的前途，但她还是义无反顾地做了这件事。所有这些都相当值得敬佩。但是风险回报的模式对马修斯上尉的做法却抱着一种完全不同的观点。它特别强调的是，她试图去做的事情甚至比乍看上去更为困难，而她相当出色地克服了这些困难。

我究竟储备了多少政治资本

风险回报的模式包括提出和回答三个问题：你有多少政

治资本？你拿其中的多少去冒险？对你和其他人而言，可能的回报是什么？

　　第一个问题回答起来并不容易，因为政治资本包括两样无形的东西：声誉和人缘。当然，如果这些直接取决于人们工作做得怎么样，事情就好办了。但是，绝大多数时候，声誉和人缘与工作质量的联系并不紧密。几乎所有人都知道一些关于表现良好、声誉出众的人比表现出众、声誉良好的人提升得更快的例子。这类事情甚至会发生在销售和保险这两种依靠硬性的数据来评价员工表现的行业里。事实上，如果运气比较好，而且有好的靠山的话，那些勉强能够胜任的人是可以拥有长久而繁荣的事业的。

　　声誉往往会歪曲真相，这一事实并不意味着政治资本是镜花水月的空谈。它意味着即使是出自对组织的忠心耿耿而在工作中做出的一流表现，除非得到其他人尤其是上级的认可和称赞，否则也不能转变为政治资本。表现优异却不为人知，就好像树木在森林中倒下，而旁边没有人听到它的声音一样。

　　声誉包括两个主要因素：所谓"一脚定乾坤"或者"一锤定音"式的人物⊖，既能够取得组织所需要的结果，又是完全可以依赖的。

⊖ 原文"go-to player"，常见于体育比赛报道，原意是决定球队比赛胜负的人。——译者注

什么是"结果"？它们基本上就是领导组织的人希望取得的成果。在不同的组织里，结果的本质都会有所不同，它还会依据公司内部情况的不同发生变化。在柯特兹的案例里，它意味着实现他出售药品的销售额；对丽贝卡来说，它是提高圣克莱蒙医院的年收益额，并且让患者纷纷前来就医；对威廉姆斯而言，它指的是使他的分行迅速翻身；对马修斯上尉来讲，是让她的连队通过检查。

声誉也包括通过正确的途径取得结果。判断什么是"正确的"途径是很微妙的，但是成为富有合作精神的团队一员通常是增加政治资本的最佳途径。这就是说通过保护或提高周围人的声誉和前途，来表现出对他们的忠诚。这些"团队一员"不会简单地让组织的黑暗面大白于天下，他们顺应周围的环境，并且避免在伦理问题上哗众取宠。最重要的是，这些人与周围的人们在人情、理解以及很多"你来我往"中形成了使组织得以凝聚的网络。当军士长建议马修斯把这次检查抛之于脑后，去做其他事情的时候，他只是在教她了解世态人情，提醒她用最好的办法建立有用的关系——与他自己，与她手下的军官，以及与马修斯所在那个营的高级军官们。

那么，马修斯拥有多少政治资本呢？答案是基本没有多少。在低级军官中，马修斯作为一名西点军校的毕业生、空降精锐部队的一员和一名女性，显得出类拔萃。但是在陆军中有成千上万年轻的天才军官，适逢部队由于冷战结束而进行减员的非常时期，马修斯的性别为她开启了一些大门，却阻断了其他的一些出路。她对自己的岗位还不熟悉，也没有高级军官作为同盟或靠山。要说有什么区别的话，在马修斯的职业生涯中，与其在这段时期大量抽取资本，远不如不断进行储备。她需要不断提高自己的声誉，并且建立各种各样的关系网络。

这次检查产生的结果增加了马修斯的政治资本。她的连队取得"成功"的消息迅速蔓延、流传甚广。似乎所有人都知道她的连队取得的成就，而且他们为此对她赞不绝口。此外，马修斯是以正当的手段得到这些结果的——通过几个月来与她手下的官兵共同进行的辛勤工作，而且在检查结束之后，她与所有人分享了成功的荣誉。

但是，马修斯不知道她的连队是否真正通过了检查，而这使她痛苦不堪。她知道的只是自己由于通过了一次虚假的检查赢得了荣誉。她赢得了政治资本，却并不认为自己当之无愧。因此，她接受的祝贺越多，感觉就越糟糕。最后，她觉得除了去见总检察长之外，自己几乎别无选择。

我拿了多少政治资本去冒险

第二个问题问的是一个人愿意用多少政治资本去进行冒险。通过仔细的分析证实，马修斯的赌注很大。这意味着她勇敢前行的行为是特别值得称赞的，但它同样意味着我们必须进行仔细的观察，看看她是不是采取了降低风险的措施。

风险是巨大的。如果马修斯与总检察长之间的谈话传了出去，她就会被认为是一个刺儿头、一个两面派，或是一个告密者。而这些话是有正当机会传播出去的。她连队里的某个人可能会说出一些事情，而那位总检察长很可能会跟别人谈到这次谈话——或者是因为他的确担心此事，或者是他想提醒人们马修斯是个不肯合作的人。

无论在哪种情况下，这一传闻都会不胫而走，而各种各样的关于马修斯的行为的评论会闹得满城风雨。由于故事在讲述的过程中总会被人添油加醋，很难确定人们对马修斯的声誉会有怎样的怀疑和指责。幽默作家戴夫·巴里（Dave Barry）在写下面这句话的时候抓住了一个重要的事实："宇宙之中最有力量的就是散播谣言。"[2]

幸运的是，马修斯采取了一些谨慎的行动来减少她的劣势。除了军士长之外，她对谁也没有提起她的怀疑和计划。更重要的是，在与总检察长交谈过之后，她不再对这件事做进一步的追查。比起用书面的文件记录这个问题，向其他上级军官汇报这件事情，或者核实总检察长是否真的陪同检查团巡视军需室，从而引发一场讨伐运动，这样做的风险性要小得多。一个更加坚决却不够谨慎的人就有可能采取其中某一种画蛇添足的行动。

但是很难指责马修斯做了太少的事情。仅仅去见总检察长这一点就需要担非常大的风险了。好在马修斯似乎知道她的拜访已经足够危险，于是就此打住。她选择的是只告发一次，而且做得相当隐秘。总之，马修斯拿了一大笔政治资本进行冒险，但她还是做到了适可而止。

我能得到什么样的回报

第三个问题要求人们对自己在投资时希望得到的回报加以特别的、清醒的考虑。这意味着做出选择、分清主次，正如投资者在短期和长期的效益之间，或是在高风险、高潜力的股票和更稳定、更安全的股票之间做出选择一样。按照这个标准来看，马修斯表现得很不错。她的首要目的是履行自己的职责，做到问心无愧。她还希望能够打击或制止那些虚假的检查，因为它们违背了检查员显而易见的职责，而且会危及士兵的生命和任务的执行。最后，她希望自己的军旅生涯前途无量。

如果条件理想的话，马修斯没有必要在这些目的中进行取舍。但她是一个刚刚被提拔起来的上尉，正在穿越一个存在于她自己的营队而不是敌方阵地的雷区。她必须做到主次分明，使她的良心和前途在任何长期而公开的斗争中保持一致。由于她的动机是混杂的，因此她的行为有所节制，从而减少了她的声誉和事业所面对的风险。

回报是什么？这最后一个问题，在很大程度上是需要机缘巧合的。它问的是像马修斯这样的人能否得到他们想要的结果。在对待她承担的风险方面，马修斯的勇气是值得称赞的。但是这里关键的问题并不在于她表现出的英勇，而是在手头这个任务相当重要的情况下，马修斯是否有可能满载而归，或者至少从她拿去进行冒险的政治资本中得到任何收益。

不幸的是，我们很有理由对马修斯的投资持怀疑态度。回忆一下检查团在军需室的表现，他们只是站在门口随便瞥了一眼，就结束了，什么都没有检查就给了个满分。他们甚至都没有装作恪尽职守的样子，也没有做任何努力去掩盖他们浮皮潦草的检查。总之，他们表现出对检查制度的公然藐视是司空见惯的，就好像这是一个他们希望所有人，包括马修斯都参与的游戏一样。此外，他们的行为证实了马修斯曾经听到的关于检查工作邋遢马虎的传闻。

同样还要回忆一下那位总检察长的表现。他说他感到震惊，但表现出来的并非如此。他仅仅用了10分钟的时间与马修斯交谈，并没有询问细节或索要文件证据，也没有做任何笔录，而且，对于找她连队的军士长和军需官了解情况毫无兴趣。尽管马修斯的指控相当严肃，他也丝毫没有打算通过重新检查她的军需室来查证情况的真实性。

对此持批评态度是很容易的事情，而且我们并不知道关于总检察长的全部真相。或许他的处境非常复杂,或许他知道有问题存在,并且试图在不引起太大波澜的条件下改变这一状况,或许他正在遵循一些沉静领导之道的原则……而这些可能性是比较小的。与我们将在以后的章节中研究的沉静型领导者不同,那位总检察长不在乎搜集信息和寻找同盟,以便发现在工作中得到帮助的机会。相反,他很快就像鸵鸟一样把脑袋钻进了沙堆里。他的反应看上去更像是在息事宁人,而不是追查真相。

如果那位总检察长打算掩盖问题的话,马修斯储备的组织资本就岌岌可危了。可能那位总检察长只是把事情束之高阁,或者他会警告一些人说她是个潜在的刺儿头,而不是一个在紧要关头可以信赖的人。如果事情是这样的话,马修斯勇敢的行为带来的坏处就会比好处要多。她可能只是使检查团的人有所警觉:在未来的日子里,他们不会再这样厚颜无耻地进行邋遢马虎的检查,而是表现得更难被人察觉和阻止。

那么马修斯的底线是什么?抛开她的责任感和勇气不论,她是否毫无必要地投注了资本甚或更多的利息?从改变检查状况和自己前途的角度讲,她的投资回报到底怎么样?

在这个案例中,与其他许多案例一样,组织生活的复杂性和暧昧性使人们很难得到准确的结论。或许这是第一次有人向那位总检察长提到关于在检查中弄虚作假的问题;或许他真的是感到震惊;或许他后来确实追查了下去,并在未来的检查中陪团巡视；或许他没有把马修斯来找他谈话的事情告诉任何人，从而保护了她的声誉。如果这样的话，马修斯就成功地做了正确的事情，而没有危及太多的政治资本。

不幸的是，这种乐观的情形只有 N 分之一的概率。马修斯极有可能在冒险中损失了很多她辛苦积累起来的组织资本。这本身并不是个严重的问题。但是她的努力有什么收获呢？不幸的是，看来对这个问题的答案是：没有。除了她值得敬佩的、英勇无畏的行为，她再看不到任何情况有所改变的迹象。

好在马修斯由于在与总检察长会面之后就此打住，把她的风险限定在了某种程度上。尽管如此，她可能还是毁掉了她的声誉和人缘，这或许妨碍了她的事业，减少了她在未来日子里遵循负责的领导之道的机会。而且，她极有可能是最不理解下面这一点的人：对人的毁谤总是在背后进行的。此外，这种弄虚作假的检查很可能会继续下去，马修斯不但没能阻止它们，相反却使它们转入了地下。总之，风险回报的模式指出，对于她勇敢的行为和她投注的资本，马修斯可能只得到一个令人沮丧的结果。如果她以前意识到这一点的话，她可能会有不同的做法——可能会依靠一些下一章中描述的策略来处理这个问题。

风险投资式的伦理学

为了实现负责任的领导而采取的风险回报方法有两个缺

点：一是它容易被人嘲笑和驳斥，二是它很容易被误解和滥用。

风险回报式的想法是很容易被批评和讽刺的。批评者可以指责它使领导之道堕落成了成本计算。他们可以说，真正的领导者不会花费时间去盘算和衡量那些正确的事情，他们只是将其付诸行动而已。怀疑论者会告诉我们，好的家长不会教他们的孩子如何"玩概率""算把握"，而是教导他们什么叫作是非对错。批评者还可以提出一些绝对置人于死地的反问句——难道特蕾莎修女⊖在离开舒适的修道院，踏上前往印度加尔各答的道路之前，曾经计算过成本、收益和可能性吗？难道纳尔逊·曼德拉计算过打倒种族歧视的机会吗？他们会说风险回报的想法往好了说是一条拖延、犹豫和寻求借口的途径，往坏了说就是给懦弱找一个借口罢了。

这些批评听起来是有力而致命的。但它们存在一个问题：对于西方传统中最重要的道德哲学家之一的亚里士多德来说，它们可能算得上是新闻。在亚里士多德看来，道德在很大意义上是度过充满美德的人生。他相信人类应该培养四种美德：谨慎、公正、勇敢和克制。其中的两种，勇敢和公正，很好地符合了传统模式中把领导视为做正确的事的观点。但是亚里士多德提出的另外两种美德，谨慎和

⊖ 特蕾莎修女（1910—1997）生于前南斯拉夫，1948年远赴印度加尔各答，且在两年后正式成立仁爱传教修女会，竭力帮助贫困中的最穷苦者。1979年获诺贝尔和平奖。1997年印度政府为她举行国葬，葬于加尔各答。也译做德兰修女。——译者注

克制，指的却是另外一条道路：一条小心、平衡地处理道德问题的途径。事实上，在亚里士多德讨论谨慎的时候，他甚至将其定义为"计算"在一个特殊情况下正确概率的做法。

对亚里士多德来说，做正确的事不等于莽撞行事。事实上，他相信过多的勇气其实就等于不顾后果，而他建议人们去寻找"黄金手段"。他宣扬的是在特殊环境中，对所有的道德因素和实际因素做到平衡、公正和敏感。在某些情况下，是非对错和正确的做法都是一目了然的。但是在事情更加复杂的时候，谨慎地考虑、有节制地行动就非常重要了。在这种情况下，对风险和回报的认真估计是负责任的行为的要素。

谨慎和克制的确是沉静的管理上的美德，它们并不像保卫阿拉莫㊀一样鼓舞人心，却很容易被忽略或轻视。但是今天它们尤其适用于那些人们经常身陷其中的复杂不定、变幻无常的环境。没有谨慎和克制，伟大的理想和道德的能量就很容易被挥霍掉。

㊀ 历史上的阿拉莫保卫战发生在1836年，当时近200名争取独立的得克萨斯起义者被数千名全副武装的墨西哥士兵围困于阿拉莫教堂内，最后全部遇害，是美国独立史上一次悲壮的军事失败；但阿拉莫的起义者宁可选择死亡也不愿意投降，为萨姆·休斯敦组建一支军队保卫得克萨斯赢得了时间。当然，也有另外一种说法是这些起义者接到了上级的命令，本该也有可能撤退保留实力再战，而他们却自愿选择牺牲。——译者注

幸运的是，马修斯上尉没有犯这样的错误。她在向总检察长汇报虚假的检查时，的确表现出了自己的勇气，不是所有的人都能够做到这一点，相反，最简单的解决办法是接受荣誉，继续前进。但是马修斯表现出来的并不仅仅是勇气，她同样减少了自己承担的风险。她试图做正确的事，但是既不引发一场战役，也不公开告发，或者进行光荣的自我牺牲。

她采用了平衡的行动吗？她找到"黄金手段"了吗？没有人能够确定，亚里士多德也并没有给出标准公式，但是马修斯做的正是他建议的事——试图寻找勇敢行为和谨慎克制的最佳平衡。她想做的事情正如另一位沉静型领导者所描述的："在正确的时间和正确的地点，运用正确数量的道德信念。"她小心谨慎、深思熟虑的努力值得敬佩和尊重，而不应该遭到讽刺和驳斥。

然而，即使人们能够严肃地对待风险回报的模式，它还是会带来麻烦，因为它很容易被人错误地理解和使用。一种错误是企图把风险回报的模式当成一张核对清单或是一个标准公式。沉静型领导者其实并不会用很多时间来考虑自己有多少组织资本和用它们进行投资的最佳做法。当他们被问到为什么会做某件事或是为什么不做某件事的时候，他们往往只是说："你不得不应战。"风险回报模式的作用只是弄清楚一些基本事实，帮助他们在选择时机和方式进行战斗方面做出合理的选择罢了。

马修斯的故事说明，风险回报的模式如何才能被最好地应用。它提出了一定的问题，提醒一些特殊人物注意，使人们避免忽略事情重要的方面，指出了行动的计划。这与金融投资的情况再一次不谋而合。好的投资者在拿出钱来进行投资之前，会仔细考虑风险和收益。这并不能使他们料事如神，但会为他们指出一个方向。这三个问题本来只是空箱子，需要人们用事实、判断、印象、经验和合理的猜测来填充。

　　尽管组织风险和回报无从计数，但是对处在马修斯这样处境的人，还是有办法对其进行更清楚的分析。他们可以试着去评估自己在组织中的记录和声誉——得到的结果当然应该打点折扣，因为人们往往会更喜欢听到别人对他们做出正面的评价。他们可以在组织里问问，对他们的声誉和人缘是不是各人有各人的评价，或者所有那些对他们的正面评价是不是都只是几个人的意见。他们可以想想在组织里其他一些承担同样风险的人的经验，问问在类似的"自卫战"中他们得到了多少收获，其中又有多少是依赖在他们层级之上的人的。他们可以调查一下应急的计划和可能的退路。虽然准确的统计没法进行，仔细的分析考虑也相当有用。

　　另一种错误是像一个谨慎被动的投资者一样看待风险和回报。低风险的金融投资就像美国的储蓄公债一样，会产生低回报，在伦理行为上的低风险投资也是一样的。日常的体面、尊重和礼节都属于这个范畴，它们往往只需要一刻的努力就可以做到，而且细微的方面使世界变得美好。然而，储蓄公债模式的伦理投资本身保守得有些愚蠢，在成本和风险都十分巨大的情况下，它可能会演变成被动甚至懦弱的行为。

相比之下，沉静型领导者则像风险投资家一样思考和行动。如果前景广阔，这些投资者愿意承担重大风险。在进行大规模投资之前，他们尽可能多地学习，然后通过电话、每周报告、参加公司董事会等方式，积极管理自己的风险。风险投资家会分阶段进行投资，而不是先下一个大赌注。如果一切顺利，他们会加大投资；如果没有，他们就试图降低或对冲风险。同样地，沉静型领导者会让自己沉浸在其试图影响的行为事件的流程中，试着了解事情是如何演变的，然后相应地调整他们的努力和风险水平。

沉静型领导者的矛盾之处

本章的中心思想是领导者需要深思熟虑、精打细算，它看起来与前面某一章的要旨（领导者应该全心全意地投入到他执行的任务当中去）相互矛盾、背道而驰。我们如何解释这一点呢？

某位管理者在回顾自己解决的一个棘手问题时，给出了问题的答案，他说：

> 这次的经验使我学会了，在大多数情况下，把整个团队的最高利益放在个人利益之上是正确的，即使这样做的风险可能是巨大的。在人生中，获得任何有价值的东西都必然需要承担一定的风险，但是这些风险是可以控制的。如果一个人有谨慎渡过难关的勇气，就像我讲述的那样，他个人得到的潜在回报将是巨大的。

这段话的关键部分是那个自相矛盾的短语"谨慎渡过难关的勇气"。换句话说，沉静型领导者往往是内心复杂的人——事实上，通常会比他们的行为表现出来的更为复杂。在对世事的认识上，沉静型领导者不会欺骗自己——他们清楚地知道世路坎坷。沉静型领导者仔细地考虑如何对他们的组织资本善加利用，进行投资。这就是为什么他们会从风险和结果的角度出发，深思熟虑。但是，这些人非常关注那些阻碍他们的人和问题，这使他们有勇气采取行动，并且坚持不懈。总之，沉静型领导者是谨慎细心而专心致志的，既有理性分析而又兼顾感性的，不偏不倚而负责尽职的。

这就是为什么沉静型领导者通常会对那句众所周知的劝诫"只要做正确的事情"感到不舒服了。对他们来说，这种劝诫的效果并不会比建议投资者把全部钱拿来碰运气更有效。"做正确的事情"的说法过于简单而片面，它呼唤勇气，却丝毫没有提到成本和风险。它认为仅仅是在"正确的事情"和"错误的事情"两极之间进行选择。当然，有的时候，事情就是这样：在报销账目上弄虚作假的行为被贴上了"错误"这两个黑体字的标签。但是沉静领导之道需要的是更富挑战性的判断取舍，有一些涉及的是"对与对"之间的艰难选择；其他的一些，像丽贝卡和威廉姆斯面对的那样，涉及是否能使一个公司沿着正确的方向发展；还有一些，像马修斯上尉的问题一样，是晦暗不明、充满风险的"求生游戏"。这些情况都需要通过认真的分析来解决问题。

对沉静型领导者来说，告诉老板他的行为是不正当的，然后摔门而去，与政治资本没有半点关系，他们把这视为迫不得已的绝望做法。因为他们强烈地关心眼前的事件和问题，所以不打算抛开它们。他们通常为了得到现在的位置努力了很多年，有时这甚至就是他们的梦想，因此，由于伦理上和实际上的双重原因，沉静型领导者选择固守阵地，进行斗争。但他们的斗争不是不顾后果的，而且他们在猛然采取行动之前所做的不仅仅是观察。他们不但考虑，而且还会算计，尽量做到明智地用他们的政治资本进行投资。

虽然弄清楚成本、风险和后果对长期的领导行为来说非常重要，但它只不过是第一步而已。仅仅告诉一位木匠去造一堵尽可能薄却又尽可能坚固的墙，或者告诉一名铁人三项赛运动员要用最快的速度跑完马拉松，同时保存体力去参加自行车比赛，是不够的。这些任务，就如同沉静领导之道一样，需要人们知道如何处理复杂的两相权衡。这本书余下的部分会解释领导者如何运用他们的勇气和奉献精神，处理那些在努力、风险和收益之间无法逃避的徘徊和选择。

| 第 5 章 |
LEADING QUIETLY

深入钻研

大多数英雄式领导的故事都遗漏掉了一个很重要的因素。去掉这个因素，故事的叙述会更简洁、更生动有力，但同时也失去了现实意义和实用价值——跟我们日常生活中遇到的问题没什么关联了。这个遗漏掉的因素，就是技术上和组织上无处不在的复杂性。

例如，保卫阿拉莫的英勇战争只用到了简单的兵器，涉及一小股人马的组织管理；亚伯拉罕·林肯也没有请法律专家来审校他的《解放黑人奴隶宣言》；为了继续对海伦·凯勒进行治疗，苏利文医生不得不说服凯勒一家这种努力是值得的，但她可没有与保险公司进行过第三方赔款谈判。那些我们耳熟能详的道德领导之道的故事之所以非常有力，一部分原因就是它们经过精简，只留下了基本要素。似乎现代生活里的每天都会碰到的复杂性，对故事中那些勇敢无畏、理想崇高和自我牺牲的典范楷模没有一星半点儿的阻碍。

但是与故事中的英雄不同，生活中，我们总是遭遇到复杂性的阻碍。历史上几乎所有的科学家和工程师如今都还在发挥着作用与影响，而他们的人数每过几年就会翻倍；律师、会计师、医生、技术人员，以及其他专业人员的情况与之大抵类似；公司颁布了更多的政策、规章和给员工的行动指南。20余年前，计算机隐私保护还算不上一个问题，如今它却成了厚厚的公司备忘录当中的主题。

如今在我们周围，生活和工作都像阿米巴原虫一样迅速地分裂着，变成更专门化的复杂范畴。甚至连狗现在都成了专家：它们中一些负责嗅出毒品，一些帮助残疾人，还有一些则负责在纵火案调查中追捕、发出警报以及作为侦察催化剂。由于这些进步，在所有组织里工作的人们都常常会遇到与技术、法律、组织上的复杂性纠缠不清的问题。有时，他们可以求助于专家，但大多数情况下他们只能自己解决。他们必须确定自己应该做什么。在这种时候，关于英雄主义行为的故事几乎无用武之地。这时最需要的不是鼓起勇气、唤起道德感，或者回想公司的信条，而是了解事情到底会如何发展。

沉静型领导者知道，遵守道德承诺和服膺高尚原则都无法取代对特定情境中的特定复杂性的体察——深入到特定情境中，感同身受地洞察其复杂性。这样的思路与哲学家丹尼尔·卡拉罕（Callahan）很一致——他是当代生物伦理学的代表人物之一。卡拉罕最近曾说过这样的话："我在母亲的膝下学会了分辨对错是非，但她从没教过我关于胎儿组织移植的伦理道德。"[1] 简单地说，负责尽职的努力往往就出现在这类专业知识的缝隙细节中。

当沉静型领导者面对一个错综复杂的问题时，他们会耐心而长久地进行努力，以期弄清楚他们已经知道了什么，还需要知道什么，以及需要什么人的帮助。这些努力并不是在为负责的领导之道做准备——它恰恰就是负责的领导之道的本质。而如果我们做另一种选择，尽管我们有出自良好动机的道德热情，但是搭配上不怎么专业的业余行为，往往一事无成。

沉静型领导者深入地钻研复杂的问题。为了理解他们是如何做到这一点的，我们对最近某家在美国很有地位的高科技公司里所发生的故事做一些研究分析。在这个案例中，做正确的事情，非常关键的是靠着对技术和组织这两方面复杂性的深层认知。

新新服务器

泰勒是一家规模很大的计算机公司"赛博系统公司"的

一名高级销售代理。他身材高大魁梧,相貌英俊,性情随和,永远带着微笑。人们感到惊讶的是,他已经36岁了,却还只是一名销售代理。他无论外表还是举止都像是一位年轻的高级经理,其实却只是公司里的"扫街一族"——基层销售代表中的一员。事实上,泰勒曾经亲口拒绝过好几次提升机会,其原因也很简单:他喜欢销售工作带来的自由和挑战,而对管理别人有种恐惧,觉得那实在是太麻烦。

泰勒的客户之一是罗贝事务所,芝加哥的一家大型律师事务所。许多年来,它一直是泰勒很好的客户,虽然与它做生意有点像坐"过山车"似的,随时都可能有些起伏波折。比如两年前,泰勒正要向该公司出售一台新的网络服务器时,该公司却新聘用了一位名叫阿特金斯的技术总监。他曾经在另一家律师事务所干过4年,在那儿他曾经从泰勒的竞争对手手中购买了一批产品,对整个公司的信息系统进行了更新升级。阿特金斯在第一次与泰勒会面的时候,就声称他打算用6个月的时间重新考虑整个技术项目,并且强烈地倾向于使用"赛博系统公司"的主要竞争对手生产的最好的硬件和软件。偏偏这时,支持泰勒销售工作的一名系统工程师弄坏了一块硬盘,造成了系统长时间的瘫痪,这下子,情况变得更糟了。

尽管有种种的不利因素,泰勒最后还是拿到了订单。按他的说法,他发动了一场"长达一年的销售攻坚战",靠的是一整套精密复杂的技术计划、产品发布、软件宣传和出色服务。这些努力得到的额外回报是罗贝事务所后来向他追加了总计超过 50 万美元的订单,而这也帮助泰勒实现了他的销售定额,拿到了一大笔红利,扩大了自己的销售区域,吸引了更多识货也挑剔的客户。有了这次的成功,泰勒把未来的一年看作事业上成败攸关的转折点,看作一个成为公司名牌销售员的机会。

然而,到了第二年的 11 月,泰勒还没实现他的销售额。通常这种情况会使他忧心忡忡,不过,这一次他正在与罗贝事务所洽谈的一笔大生意如果定下来,就可以弥补他的缺额。罗贝事务所正准备为其诉讼部门购买两台新的服务器和几十台台式机,一切看上去都各就各位了,至少,在泰勒坐的"过山车"滑到另外一个弯道以前,情况的确如此。

新的问题相当复杂。泰勒本来计划向这家律师事务所出售的是 S50 型服务器,它至少可以满足未来几年内其诉讼部门的需要。然而,"赛博系统公司"刚刚推出了一款功能更强大、价格更便宜的 S60 型服务器。毫不奇怪,阿特金斯认定事务所应该购买新推出的 S60 型服务器。泰勒曾经试图改变他的主意,但是阿特金斯对于 S60 型服务器所谓的"新新技术"(这是阿特金斯的说法)十分着迷,当然也对更便宜的新价格非常感兴趣。他还向泰勒宣称说,另一家计算机公司向他提出要把事务所所有的服务器都换成该公司生产的跟 S60

型档次相当的服务器。泰勒听到这个消息的时候差点晕了过去。

他迅速采取行动，在两名高级客户经理的帮助下做出了一个新报价。他们将向罗贝事务所出售两台S60型服务器，并附带以超低价格卖给罗贝事务所几台他们想要的驱动器，这使他们的整体报价比竞争对手低10%。新的报价是基于公司的一个新的销售推广计划制订的，这个称为"双赢"的计划，目的是给销售代理在面对比较困难的交易时以所需的灵活性。不过，泰勒描述说，贴在公司主页上的"双赢"计划长达25页，文字内容杂乱无章。更麻烦的是，计划写得很含混，表达也不清晰，里面所列的指导性原则都附带着一大堆的例外。泰勒觉得，即便是一位最高法院的法官恐怕都很难理解它。

阿特金斯研究了一下新的报价之后，感谢泰勒为此做出的努力，并同意接受这个建议，但是，需要泰勒再答应他另外一个条件。阿特金斯要附加的条件尽管从技术上讲是复杂的，但应该可以实现——简单地说，他希望那两台新的S60型服务器能够与事务所原有的两个旧版网络相连接。

听到这个条件，泰勒的心沉了下去。在"双赢"计划中，阿特金斯要求的这种连接是不被允许的，关于这一点的表述在文字上相对明确。这类连接在次年3月之前都是被禁止的。这项限制政策的目的其实是向那些最大的、往往也是最挑剔的公司倾斜，保证它们优先得到这些限量发售的S60型服务器。公司之所以要定这么一项规则，是想要避免销售代理和经理之间无休止地争论谁该最先拿到新服务器。由于罗贝事务所有一个旧版网络，所以它在优先次序排队中就落在了后面。

泰勒语气平静地告诉阿特金斯，他需要回去核查一下这种连接在技术上的可行性，然后会在几天内给阿特金斯答复，从而争取到了一点时间。但是，泰勒一回到自己的办公室就怒不可遏。他一直辛辛苦苦地工作，才拿出这么一份得意的方案。他甚至一度还非常幸运：由于"双赢"计划的复杂性，在与这家律师事务所的交易中，他的上司在最后定价时不慎少算了9万美元。上司没有改正这个错误，相反，还去说服公司办公室忽略这个差错，并且对这笔交易说了很多好话。现在，唯一阻碍泰勒赢得一个巨大转机、一份高额奖金以及在公司总部走上"职业生涯快车道"的因素，就是对连接旧版网络的禁令。

泰勒确信，这只是公司偏袒大客户及其代理的另一个例子，而这对他来说只能是火上浇油。虽然大客户确实占据了公司收益的大部分，但泰勒知道公司同样不能失去小客户，就像这家律师事务所一样，它们总会投奔那些提供更好待遇的竞争者。他同样也确信，在有新机器可卖的情况下，把旧机器倾销给小客户绝对是错误的。

泰勒面对的技术性细节使得这个问题尤为棘手。他一有时间，就会想想"双赢"计划是否还有某些"灵活性"。比如，究竟怎样才算把一台新的服务器"连接"到一个旧版网络上？如果那台服务器连接的是另一台服务器，而那台服务器与旧的设备连接，那该怎么算？他是不是可以安装新的服务器，把它与网络的一个新的部分连接，然后很轻松地忽略掉那个新的部分与旧的网络相连的事实？这样说的话，若是所有网络都彼此相连并与国际互联网接通，它们岂不是都"连接"在了一起？在考虑这些可能性的时候，泰勒觉得自己是在试图判断一个大头针的针头上能容下多少天使一起跳舞，无论什么答案都是否定的。

然而泰勒想，毕竟他已经找到了一些可能的缝隙，这是个好消息——他最初的本能反应是根本不去理睬那条禁令，当它不存在。他所在公司新任的 CEO 一直在努力建设一个"我们能做到"的公司文化，而一名高级销售总监最近也曾经说过，销售人员应该对客户负责，如果需要的话可以每月打破一条规矩。只要再多做一些努力，再多来一点运气，他就能够暗渡陈仓，安装好服务器，使每个人都高兴，无论是他的上司，还是阿特金斯和那家律师事务所，当然还包括他自己。

泰勒努力的第一步是与他的上司商量。使他感到非常意外的是，上司表现出的态度相当畏缩。仅仅只是一周多以前，她还在想方设法地掩盖那个9万美元的错误,现在她却说,从12月份安装到明年3月禁令终止,这3个月的"危险期"使她感到"不安"。然后她又补充说,满足客户的条件和拿下律师事务所的这笔生意显然相当重要。她还告诉泰勒说,一切由他决定,祝他好运,并告诉他有什么进展及时向她汇报。

在这次有点令人沮丧的会面之后,泰勒给克鲁斯打了个电话,他是一名在公司干了20年的元老,曾经是泰勒进公司时的第一任上司,现在正在公司总部完成一个两年期的任务。克鲁斯告诉泰勒,违反禁令是要担风险的。他说公司的高级管理人员正打算给所谓的"我们能做到"的公司文化设置一些明确的限定条件。尽管他们希望所有人都更加积极主动,却也非常担心一些人会行差走错、违反法律,造成恶劣的公众影响,或者发生"窝里斗",而不是集中精力进行销售和与对手公司竞争。也正是这种以平衡为目的的出发点,使公司颁布了关于禁止与旧版网络连接的禁令,用意在于使销售代理把精力用在与客户做生意上,而不是花在内部互相斗争上。在克鲁斯看来,任何触犯这一禁令的人都很容易成为公司"杀一儆百"的牺牲品。

克鲁斯的分析使泰勒理解了他的上司畏首畏尾的原因。她一向以对政治风向相当敏感而著称,现在很有可能是碰到了无法确定风向的情形。在泰勒看来,这位上司目前的策略十分明确:如果他拿下了与那家律师事务所的生意,并且没被抓住破绽,她就能分享一部分好声誉,也能拿到一笔奖金;如果他惹出了麻烦,她就会说她早就警告过他了。

克鲁斯的分析还让泰勒想起了一些私人的事情。他有时会幻想自己在面对一群医疗人员进行自我介绍的时候说:"大家好,我叫泰勒,是一个'问题家庭'的产物。"后来泰勒解释说:

> 我的许多印象深刻的童年记忆至今还历历在目。我母亲为了赢得一场她想象中的与我父亲之间的争斗,操纵和控制我;我犯了一些幼稚的小过错就会招致非常严厉的惩罚;有时候我还会因为缺衣少食而痛苦不堪。
>
> 在我的生活中,我发现要让一个孩子成长为一个有原则、有道德的人,可以有两种基本的办法。要么是找到一个正面的成人榜样,亦步亦趋地仿效学习;要么是看尽人性丑陋的一面,打心眼里憎恶蔑视那些做法。我基本上属于第二种。随着我长大成人,我逐渐认识到,一个人要有灵魂,最根本的就是要坚持他的正直和原则。
>
> 我的母亲怎么能够那么公然地撒谎,尤其是对她的亲生骨肉?只要她诚实,我家里的许多问题都会迎刃而解,而她的那些诡计只会使她自己和整个生活都变得一塌糊涂。从折磨中逃脱出来,我注定要寻找一切的真相。

现在，泰勒处境的真相是，按照"双赢"计划的明确指示，将会使他和他的公司失去这一大笔生意。在赛博系统公司多年工作的经验，使他有相当的把握完成对新服务器的连接，而不会留下任何蛛丝马迹——但他应该这样做吗？一个问题是，他需要为此承担多少职业上的风险？再有一个问题，则是关于旧版网络的禁令，这禁令究竟是像他说的那样"只不过是装模作样，就像我从小到大遇到的许多规章制度一样"，还是合理正当的管理规定？

故事的最后，泰勒终于找到了一条途径，给那家律师事务所安装了新的服务器，也并没有通过在伦理方面独树一帜向公司权威挑战，没有违背他的原则或危及他的事业。通过在幕后谨慎而有策略地努力转圜，泰勒悄无声息地解决了他的难题。为了理解他是怎样做到这一点的，我们有必要把他的努力放到一个更大的情境下来进行研究。

来自复杂性的挑战

除了一个关键的区别之外，泰勒的故事与前几章的故事颇为相似。他面前的道路泥泞不堪，他与那家律师事务所的关系有如坐"过山车"，每隔几个月就会出些意想不到的状况。对于他的上司会手脚麻利地在他成功的时候攫取荣誉，在他失败的时候出言谴责，泰勒心里也很清楚。作为一名成功的销售代理，泰勒积累了自己的政治资本，但他并不想鲁莽地拿它来冒险。同时，他也不想在这个服务器的问题上洗手不干、放弃了事。不管是出于专业的还是个人的考虑，他对于整个事情非常在意。所以他争取到了一些时间，而现在只需要拿一个行动计划出来。

泰勒这个故事的不同之处在于，他所面对的复杂性有许多层次。事实上，正是由于有这么多层次的复杂性，使他的故事倾向于被当作一种特殊情况而排除在外。例如，在大多数人生活的世界中从来没有什么波特率、带宽，或是千兆字节。为了解决一个伦理问题，他们通常没必要去了解服务器、网络连接和网络结构。总之，技术人员可能会遇到泰勒这样的问题，但其他人一般不会。

其实，泰勒的故事只是看上去特殊而已，很难说它是不寻常的——在当今世界上，伦理问题往往是与技术复杂性搅和在一起的。原因之一，当然是科学与技术几乎无所不在。例如，自动技术的全能通才现在差不多成了正在消失的一类人——他们能修好风扇皮带，但是却对夜视屏幕的不稳定像素束手无策。医药行业很快地就分化为成百上千类晦涩难懂的次级专业。农业技师、园林设计师、高尔夫球场经理都会参考《草皮保养数学》，这本书都已经出到了第3版，它应用数学原理来提供许多播种、灌溉、杀虫方面的指南。[2] 所以如果什么人想知道某位技术人员、某位大夫、某位高尔夫球场经理在处理工作上的问题时是否负责尽职，他们可能就需要一些特定的、技术化的专门知识。

但是科学技术并不是如今问题复杂性的唯一来源。在大多数组织里，聘用和解雇都必须符合复杂的法律要求。例如，前面提到过，丽贝卡不能直接解雇米勒，她必须首先咨询一名专长于解雇高级管理人员的劳工法律师。现在会计准则和会计实践也极其错综复杂，而且常常像中世纪神学那样难于索解，金融也已经成了各种高深的数学应用的一个分支。而且，为了确定公司能够符合法律、金融以及其他方面的要求，管理者还制定了许多复杂的内部政策——就像泰勒所在的公司中指导"双赢"计划的政策一样。

今天的组织成了由专家和专业技能构成的网络，而今天的经济则成了高度专业化的知识人员所构成的网络。而且即使管理者下班回家，这些复杂性也不会消失。在过去，如果一个孩子在学校遇到了麻烦，家长会去找老师解决。如今，他们会去咨询专门的顾问。据说我们所有的厨房设备很快都会与因特网连接，这意味着把烤炉里的面包屑摇晃掉就有可能会使整个房屋的管理系统崩溃。

我们常常会听到知识爆炸（explosion）的说法，但事实上我们所处的是一个知识内爆（implosion）的环境。往日那些简单的事物和简单的行为里，塞满了越来越多的知识、专长，以及各种各样的复杂性。这些变化使我们获益匪浅，毕竟当前没有人再愿意让医生用美国南北战争时期的医疗设备来为我们治病——它们大多数是生锈的手术刀和镊子。我们希望那些专家用"聪明的"计算机设备来为我们治疗。

然而由于生活和工作不断地分为越来越细的复杂领域，我们不得不对传统的领导模式重新加以思考。我们尤其需要认识到，高尚的原则、足够的勇气以及好的性格是必要的，但往往这还很不够。这不是因为它们很难去代替专门的知识——事实上，它们根本就无法去代替。相反，强烈的信仰可能会蒙住人们的眼睛，使他们看不到那些对于务实、负责的行为来说相当关键的特性和细微的差别。它会诱使人们把自己的意见简单地以道德来解释，轻易做出决定，在所知甚少的情况下贸然行事。

但是讨论到这儿又会引起一些新的争议。随着复杂范畴的不断增加，似乎看起来越来越多的事情，包括许多伦理问题，都应该交由专家去解决。他们受过良好的训练、有很多经验，他们知道公式和规则，并且理解问题的复杂性和细微的差别。我们眼前似乎看到这样的标识——"业余人士，请勿入内"。

沉静型领导者并不同意这个结论。对他们来说，这只不过是一种失败主义的论调罢了。就像我们看到的一样，他们之所以深入一些问题，是因为他们把那问题当作自己的事情。他们有所行动，是因为他们非常关心，即使身处逆境，他们也会坚持到底。他们从不打算袖手旁观，把问题交给什么"专业人士"去解决。

但是，尽管沉静型领导者不同意这个结论，他们对其背后所蕴含的道理还是非常接受的。他们能够发现并且认知事情的复杂性。他们很清楚，无论是多么深刻地理解亚里士多德的思想，或是拥有多么好的性格，都不能取代对于难懂的条文细节含义的把握。沉静型领导者一般都很谦虚谨慎：他们知道自己对哪些东西不了解，而且也并不打算用道德上的热情来代替复杂的事实。

泰勒对这一切都非常了解。他觉得他的上司相当软弱，爱玩弄政治，而"双赢"计划不公平地对大客户及其代理意存偏袒，公司高层在玩弄手段，故意在怎样才算遵守规则的问题上发布一些含糊混淆的信息。但他同样知道，发起或者卷入一场反对以上任何问题的对抗，都是很难有什么效果的。不过，他没抱怨这些局限性和复杂性，而是想方设法地克服它们，取得成功。

四条训诫

在泰勒的做法中，看不到半点儿英雄主义的痕迹。他努力工作，提出问题，听取意见，了解情况。简单地说，他深入而有条不紊地对服务器的问题进行钻研，结果终于找到了履行他所有责任的途径。理解泰勒的做法和他为什么会成功的最好途径，是借助四条训诫。每一条训诫都向我们揭示了那些责任与复杂性错杂缠绕的情况。

牢记你的责任

从泰勒的故事中我们总结出的第一条训诫就是，重要的是别让问题的复杂性模糊了你的责任，否则，就会带来许多风险，表现形式虽然各式各样，但程度都很严重。米尔肯这位传奇式的金融家、重罪犯和慈善家，就展现了可能出现的问题。米尔肯所做的一些金融交易花样翻新而且极其复杂，而他往往是唯一了解所有这些错综复杂情况的人，这使他能够让违反证券行业相关法律的行为深藏不露，让那些调查人员直到好几年后才发现真相。米尔肯的行为正好显示出问题的复杂性可以多么好地为错误的行为充当烟幕弹。

还有一些卑鄙小人，虽然没有米尔肯那么高明和聪明，但他们用的策略都很类似。例如，一位有才无德的化学家负责所在公司的质量监控工作，谁也不理解为什么他经常会捏造环境保护局（EPA）要求的那些重要的测试结果。若干年来，尽管EPA和公司的其他一些科学家会定期抽查他的工作，他却一直逍遥法外。最后，他还是逃脱了惩罚——就在EPA开始怀疑他的时候，他主动辞掉了工作。他的招数之所以能得逞，是因为除了侥幸、大胆之外，他比周围的所有人都更了解这项测试以及它背后的科学原理这一事实。总之,复杂性制造出了一个精心策划的迷宫,并使它变成了藏污纳垢的场所。

对那些道德感很强的人来说,复杂性带来的可能是另一个问题:它会导致疲劳和困惑。对复杂的问题追根究底是一项消耗极大的工作。沿这条路走下去,人们很容易会觉得自己陷入了一个卡夫卡⊖迷宫,而此时半途而废就成为强烈的诱惑。不过,尽管复杂性能够把人拖垮,它也会使他们更有责任感。那些深入钻研问题的人往往会变成唯一真正理解问题的人。泰勒凭自身的努力,使他在如何运用"双赢"计划来为罗贝事务所安装S60型服务器方面成为"世界级的专家",没有谁比他更适合以一种实际可行的方式来解决这个问题了。

搜集知识并不是一种中立的、没有任何倾向的行为,它会给人们带来责任感。这就是说,复杂性的范畴同样也是严肃的个人责任的范畴。在一个问题同时具备复杂性和技术性的时候,认为结论肯定藏在细节的某个角落里,是一种非常诱人的想法。只要我们能够找出正确的公式,咨询正确的专家,或者理解了难懂的条文,那么我们就能知道自己应该做些什么了。但是事情往往并非如此。泰勒即使在了解了问题的复杂性之后,还是需要选择、承担和行动。把握问题的复杂性并没有卸下他责任的重担,如果泰勒不能找出解决问题

⊖ Kafkaesque,受压抑和噩梦般的。——译者注

的途径，他也就不得不在满足客户的要求和不违反规章制度之间二者选择其一了。好在，在下一条训诫的指引下，他避免了做这个痛苦的选择。

观察你的鱼

这条听起来很古怪的训诫，或许是沉静型领导者在面对复杂问题的时候做的最重要的事情。但是，观察一条鱼和尽职尽责地解决复杂问题之间又有什么关系呢？

答案藏在一个关于路易斯·阿加西斯（Louis Agassiz）的故事里，他是19世纪美国最有影响的科学家之一，专门研究冰川时代鱼类化石和现存的鱼类。他之所以闻名遐迩，是由于他的研究影响了许多其他的领域，比如，关于生命本原和目的的重要争论。阿加西斯同时也是一位打破常规并且非常出色的教师，而"观察你的鱼"这句话则成了他的方法的标志。[3]

当研究生们第一次进入阿加西斯的实验室时，他们会领到一个盘子，里面装着一条小小的、普通的鱼。阿加西斯会让他们研究这个标本——不可以毁坏它，不可以阅读相关资料，不可以与任何人进行讨论。换句话说，他们能够做的全部事情就是观察这条鱼。最开始，研究生们认为这只不过是一个特殊但微不足道的任务。一两个小时之后，他们找到阿加西斯，向他汇报他们的发现，但他根本没兴趣听，而是让他们回去继续完成任务。他们最后终于意识到，原来阿加西斯是希望他们花上几周的时间来观察他们的鱼。

到最后，一名学生回忆道："我得到了一些结果，不仅让自己大吃一惊，也使他感到满意。"每个学生最终都在这条鱼身上发现了许多东西（它鳞片的形状、它牙齿精确的排列方式、它眼睛的颜色），而且，他们对于如何学习也有了更多的发现。尤其是他们了解到，不放过任何细节和所谓"辛勤的、持久的工作"是多么的重要。

泰勒并没有意识到这些，但他的做法与阿加西斯的建议不谋而合。他最初的反应是想把"双赢"计划抛到脑后，只管径自去安装新的服务器，但后来他抛弃了这个念头。相反，他向一些人提起了关于服务器的问题，他们帮助他通过不同的角度理解了这个问题——技术上、财务上、组织上和政治上的。尽管泰勒认为"双赢"计划是官僚主义的废话，他还是仔细地研究了它，找到了一个他认为可利用的"漏洞"，然后对他的首任上司克鲁斯讲述了这个情况。除了做这些努力之外，泰勒还用几天的时间，全神贯注地对这个问题进行思考。

克鲁斯顺口对他说的一句话，后来被证明是相当有用的。"如果你决定进行这个试验，"他告诉他，"你就最好埋下头去保持低调。"泰勒把"试验"这个词记在了脑子里——这是件微不足道的小事，只不过是一个词，但它带来的后果是巨大的。泰勒最终想起来在赛博系统公司有这样一条政策,在新设备广泛发布以前,可以把它们安装在若干客户的系统上,以便对它们进行最后的测试,并解决出现的任何小漏洞——换句话说,这是一次"试验"。这项政策使他的两难困境得到了完满的解决。

泰勒用之后的几天时间来把这个念头具体落实。结果,那家律师事务所被批准为 S60 型服务器的试点单位,从而使这些服务器与该公司所有的设备连在了一起。这并没有违反"双赢"计划,泰勒的客户得到了需要的计算机,泰勒也没有违背自己的原则,更没有玩弄任何使他感到烦扰的内部游戏,而他最终完成了当年的销售定额。

对这件事情有一种看法,认为泰勒只不过是运气好而已:设备测试的政策使他避开了一次艰难的选择。但是,我认为更有道理的看法是他为自己创造了好运气。他用好几天的时间,全神贯注地考虑如何解决这个问题。他拒绝把它看作在满足客户要求与不违反规章制度之间呆板的单项选择,而是越来越深入地钻研,搜集消息,研究"双赢"计划,并向他人咨询意见。从事实上的确存在着一个解决问题的方法这一角度来看,泰勒是走运的,但这个方法并没有自己跑过来敲响泰勒的房门,他必须走出房间自己把它找出来。

泰勒取得了成功,因为他对他的问题有一种强烈但健康的偏执——他对他的"鱼"着了迷。当然,有的时候,对着迷的行为需要进行心理治疗，但它常常会使人们能够深入地钻研那些复杂的、令人望而生畏的问题，去发现一些自己从未预料到的看事情的角度——这就是路易斯·阿加西斯所理解的和泰勒所做的。

不要孤军作战

泰勒的故事教给我们的第三条训诫是，避免在充当英雄的冲动下独自解决复杂的问题。再多的"观察你的鱼"的行为，都无法替代训练、经验和专业知识。这有两方面的原因：首先，训练有素和经验丰富的人一定对特定的问题知道得更多——他们知道哪把钥匙开哪把锁；其次，他们往往对这些问题有一种"感觉"，即便他们不能当即找到答案，也不知道究竟运用哪个公式或者依据哪条规则，但他们对于问题会如何发展、如何寻找答案有着一种直觉。

有时这种解决问题的方法被称作"自然而然地做出决定"。例如，一名英勇的消防队员冲进着火的房间，环顾四周，然后指挥其他队员迅速撤离屋子，而片刻之间，这间房屋的地板就塌了。再比如，当一个有经验的婴儿房护士观察一个早产儿的监测图表记录时，尽管它们看上去一切正常，她仍感觉到某个地方很不对头，于是她就和医生一起迅速行动，并且最终挽救了婴儿的生命。在这两个例子里，并没有什么专业人士提出什么正确的规则，而是都包含有见微知著，根据以往的经验做出正确的判断——有时做出这种判断只是刹那之间的事。[4]

在复杂的问题上没有任何捷径可走，也没有任何东西能够代替来之不易的知识和本能。在阿加西斯的实验室里，观察几天鱼并不能使新来的研究生变成鱼类学的教授，只不过使他们有了一个起步。通过认真仔细地审视，人们往往会发现一些不能立即水落石出的情况，还可以了解进一步需要掌握什么东西。在泰勒的案例中，那些被他用来思考的时间，只不过是最初的一步，他还通过更广泛、更多样的渠道搜集了一些看法，而后重新对他的问题进行了思考。

深入钻研不应该是孤军作战。泰勒用几天的工夫来提出问题、吸收看法、反复咀嚼。对他和其他人来说，负责任的领导之道就是深入学习。这并不能保证一定会成功，但的确会使情况有所改善。回忆一下，在撵走米勒之前，丽贝卡也用了几周的时间来进行计划、咨询和详尽的研究。相反，马修斯上尉如果把她的困境告诉了她的丈夫或者其他军官的话，就可能会把事情做得更有成效或是承担更小的风险了。

不要害怕后退

从泰勒的案例中得到的最后一条训诫是，如果你的头脑乱作一团的话，就应该向后退。有时候，某个问题过于复杂，没有任何反馈、分析或者咨询能够为行动奠定牢靠的基础。

在这种情况下,在伦理上负责的行为是等待时机,争取更多时间,并且设法让恰当的人接手。

从英雄主义的观点来看,这样的做法似乎属于临阵退缩,但这的确只是在情理之中而已。外科医生如果不能确定在什么地方下刀的话是不会动手术的,投资者不会购买他们所不了解的公司的股份,厨师不应该在他们做的菜肴里拌上未知的配料,而未来的领导者,除非对真实的局面有了一个相对清楚的了解,否则也不应该在复杂的情况下采取行动。

那么,什么样的标志会提示你已经"深陷其中"而需要迷途知返了呢?第一个标志是你从咨询他人意见中找不到任何方向。在这方面泰勒是幸运的,他咨询的那些人的观点渐渐集中,最后指出了一个解决办法。丽贝卡的情况也是一样。但是,有的时候这些观点无法集中起来。当更多的专家或更多有经验的人对于真实的局面和需要做的事情各执己见时,就需要极度谨慎地前进了。

第二个标志是无法用简单的、非专业人士都能听明白的语言⊖来概括问题。这可不只是一种语义或文学上的试验,在大多数情况下,如果人们不能用简短的答案来回答"这里面最基本的问题是什么?""这个决定会导致的关键事实是什么?""什么是真正处于危险中的?"之类的问题,那么成功

⊖ 原文此处是 newspaper English,意指大众化的、通俗易懂的语言。——译者注

的可能性就会大大降低。负责任的行为不是黑暗中的一次盲目射击——它需要的是牢牢地把握住基础。有效的方法是拿出一张纸来，试着用一两句话来描述问题的基本要素。动笔（与讨论和沉思相反），使人不得不做到清醒和精确。

第三个一闪即逝的标志是相互矛盾的直觉。有那么几天的时间，泰勒在两个对立的观点之间徘徊不定、饱受折磨。因此，除了继续深入探究问题，他没有采取任何行动。如果你不知道何去何从，草率地前进就是错误的做法。

第四个标志是那些不断出问题的细节，就像拼图里老是有拼插不进去的一块。在泰勒的案例中，它是"试验"这个词在他脑海中的反复激荡。一时间他弄不明白它为什么总是困扰他，但是最后他意识到，它指出了解决问题的途径——他无意识的思维正在给他暗示。幸运的是，他没有对这件事置之不理就埋头向前冲，相反，他追查了乐曲中不协调的音符。这样做的结果是，他就用不着非得在一个不开心的客户和一个拙劣的取巧手段之间做出选择了。

并不能确保成功

当然，复杂性对伦理和领导问题的影响是很容易被夸大的，还是有许多伦理问题与火箭科学毫无关系。博士不应该捏造实验室的实验结果，教授不应该剽窃他人的作品，而警察不应该伪造证据——我们在理解这些东西的时候不需要咨询什么专业人士。另外，复杂性和专业性不完全是新发展的产物。早在计算机的芯片发明以前，技术和专业知识就相当重要了：例如，在特洛伊战争⊖中，为了把士兵从战场带回家，奥德修斯不得不成为一个专业的水手。

但是我们不能忽视的是，专业化的、技术性的知识遍布我们大部分的生活领域，它带来了巨大的挑战，这意味着我们需要的不只是用简单而鼓舞人心的故事来指导我们的行动。奥德修斯和他的士兵们依然可以作为勇敢、坚毅、机敏的典范，但他们如果生活在今天会感到失落的痛苦，因为他们不懂得如何下载和分析从全球定位卫星上得来的航海数据。在今天的海军中，许多水手绝对是技术人员。结果，他们所面对的伦理问题往往就会与复杂的程序、技术和设备纠缠在一起。

这正是泰勒面临的处境，在找到解决办法之前，他必须穿越问题的许多个层次。他的故事有一个快乐的结局：他深入地钻研问题，最后找到了一个颇有创意的解决途径。但是并不能保证所有的事都这样发展，有时候人们深入地钻研来钻研去，观察他们的鱼，咨询他人的意见，从早到晚围着他们的问题转圈，却终究一筹莫展。

出现这种情况时，人们自然的反应是中途放弃。但是，就像我们看到的一样，沉静型领导者并不喜欢这样的选择。

⊖ 希腊神话中的一个著名传说。——译者注

尤其像泰勒以及其他我们分析过的沉静型领导者，当他们拥有强烈而混杂的动机时，事实上绝不会放弃。泰勒不打算撒谎，他不想用一台低级的服务器来欺骗客户，同样也不愿意失去他的奖金。幸运的是，他可以在中途放弃和不断深入钻研之外，做出其他选择，我们将在第 6 章中详加研究。

| 第 6 章 |
LEADING QUIETLY

变通规则

我们通常不会认为变通规则的做法与负责尽职的领导之道这两者之间有什么相关之处。变通规则,在一般的看法中,只不过是官场政客的勾当、狡猾律师的花招,或者那些不想按时回家的孩子的小把戏罢了。按照传统的观点,真正的领导者应遵纪守法、遵守规则,因为他们将这视作自己的责任,而这也让他们成为榜样。他们知道,一旦领导者有了玩弄规则的行为,其他人就会纷纷效尤了。

然而,世事终究不是这么简单。比如,想想说真话这件事吧,按说我们所有人都应该这样做,但是我们同样认识到对于这一规则也有一些例外。有些是微不足道的琐事,例如你也许不打算告诉一个朋友你对他的新领带的真正看法;有些则意义深远,例如在第二次世界大战时期,欧洲有些家庭在纳粹的魔爪下藏匿了犹太人，并对敌人说谎。

在微不足道和意味深远之间，有无数的寻常境况，在遇到它们的时候，恪守规则恐怕是弊大于利的选择。最基本的问题是，没有人能睿智到用一张规则之网就覆盖住所有的可能性——世界实在是过于丰富、变幻，过于暧昧、扑朔。因此，我们难免会发现规则在有些境地不合时宜。有时候，循规蹈矩是错误的，甚至是自投罗网的行为。

沉静型领导者用一种特殊的手段来应付这些暧昧的处境。由于种种充分的理由，他们对于打破规则踌躇不前，但是他们并不想机械死板地遵循规则，造成损失。所以，他们充满想象力和创造性地寻找变通规则而不是打破它们的途径。而当他们找到变通规则的途径时，他们会抓住机遇，用以支撑他们的价值观和承担的责任。

然而，变通规则是件棘手的事儿，关系到对很多非常微妙的界线的把握。为了理解其原因所在，我们将研究一个案例，其中包含了一名志愿者、一个无家可归的男孩，以及一次惊恐的深夜地铁之旅。

"地狱厨房"的一个夜晚

拉索是一名社区服务志愿者，而杰罗姆则是一个无家可归的男孩，七月里某个周二的晚上，他们在"地狱厨房"相遇了。那个地区在纽约市曼哈顿区的西边，长久以来一直因犯罪、卖淫和一些捞偏门的警察而臭名昭著。

拉索每到周二的晚上通常在阿姆斯中心工作，那是一家面向无家可归青少年的收容所。在其他的大多数晚上，就像周末一样，他都过着他投资银行家的生活。拉索两年前开始当志愿者，在一个朋友的劝说下，用一个周末的时间来粉刷这家收容所的几间屋子。那之后不久，他就开始把钱和时间奉献给这家收容所，尽管每来一次这里都使他变得心情低落、有些麻木。

比如，有一天晚上他到收容所的时候，发现一个18岁的男孩躺在地板上，几乎说不出话了——他3天前参与了一次跟毒品有关的打斗，有人用碎冰锥刺穿了他的肺。有个医生给他草草地做了包扎，当时这个男孩觉得没事了。但是，就在拉索到达之前，他的肺又要不行了，他大口大口地喘着粗气。工作人员让拉索送他去附近的一家医院，拉索在那里花了一个多小时的时间恳求医生，才让那个男孩得到了治疗。拉索遇到过15岁的男孩女孩因为染上毒瘾而出卖肉体，遇到过16岁的少女妈妈流落街头、无处容身，遇到过一些孩子只在收容所住一两个晚上就逃之夭夭，因为他们的贼头儿打听到了他们的住处。

拉索遇到杰罗姆的时候，刚刚完成了他最不喜欢的任务——陪送一个十几岁的少年去一家市立少年收容所。在阿姆斯收容所已经满员，或是某个孩子不守规矩的时候，就会发生这样的事。问题是市立收容所里挤满了无家可归的少年，所以把一个孩子留在那里常常是一场残酷的拉锯战。此外，市立机构的官员有时会设法拒收外来的孩子，希望私立的收容所把他们领回去。为了应付这种状况，志愿者接受的指导是把孩子的姓名告诉保安人员，递交一份档案，然后离开办公室。这一策略能够迫使收容所接收这个孩子，尽管有时他们不得不在头几个晚上睡在办公室的地板上。

一个周二的晚上，大概十点钟，拉索从一家市立收容所出来。他对自己、对整个体制都感到厌烦。他刚刚向一个过路人问了一下路，一个靠墙坐着的男孩就跳了起来，说："我就往那边走，跟我来。"拉索看到他十分惊讶，说："你在这儿晃荡什么呢？"

"没啥，就是打算玩玩儿游戏。"男孩回答说，他指向港务局公共汽车总站的一间电子游戏室。拉索模模糊糊地想起上次他在深夜穿过总站时的印象：臭气熏天，灯光昏暗，一个十几岁的孩子靠墙坐着，由于毒瘾发作而疯狂地颤抖着，而那些在附近溜达的年轻人都是一副冷冷的偏执样子。

"你叫什么名字？"拉索问道。

"杰罗姆。"

"你不觉得你应该回到收容所里去吗？"

杰罗姆回答："不，我恨那儿的人，但是我去那儿见过几个朋友。"

"哦,我明白了,"拉索停顿了一下,"你多大了?"

"14。人家说,照我这个岁数,我的个头儿好像有些矮。"

他们俩都知道14岁是个虚报的岁数。拉索认为杰罗姆绝对不超过11岁。他马上意识到杰罗姆是跑出来的孩子,遇到了麻烦。在阿姆斯工作的时间里,他了解到街头的孩子几乎会找所有人搭话,想表现出很"酷"的样子,虽然他们心里都很痛苦。看到一个11岁的孩子这么晚还独自一人在纽约街头晃荡,拉索觉得惊讶和害怕。杰罗姆游逛的街区是一个战争地带,充斥着瘾君子、妓女、流浪汉和精神病人。

拉索知道自己几乎已经打破了一条阿姆斯的基本规则。在他最开始接受培训的时候,他和其他新来的志愿者就签署了一份声明,声称除非作为处于监督下的延伸服务组成员之一,他们不能在街道上开展工作。拉索还知道,有些志愿者因为违反了规则而被开除了。

拉索错过了晚饭,所以他问杰罗姆是否想吃些东西。杰罗姆说他不想,但还是跟他进了一家韩国小食品店。柜台后的男人看着杰罗姆,笑了。像拉索一样,他也看得出来杰罗姆是个不开心的、聪明却又容易被人操纵的孩子。拉索给自己买了一份三明治,给杰罗姆买了两大块糖和一个苹果。

在他们走向地铁站的时候,他对杰罗姆讲述了他的家庭和他的工作。杰罗姆回答说他也想去华尔街挣些钱。但是当拉索试图打听杰罗姆的住处和谁在照顾他的时候，拉索一无所获。

他们到地铁站的时候已经过了 11 点了。片刻之后，拉索就发现这"地狱厨房"之所以得名，绝不仅仅是因为让游客感到新鲜和俏皮。车厢里除他们之外空无一人，一个男人拖着步子走了进来，挨着他们右边坐下，一言不发，盯着对面玻璃窗上映出的影子，然后打开了一柄长长的弹簧刀，放在杰罗姆旁边的座位上。尽管拉索的心开始狂跳不已，他还是继续说话，不去看那个男人，并且开始拼命地筹划如何逃跑。差不多一分钟后，那个男人站了起来，对拉索假笑了一下，好像是在说"这次算你走运"，然后下了车。

这下把拉索吓得呆住了，他突然对把杰罗姆丢在街上的后果感到毛骨悚然。于是他第一次告诉杰罗姆他来自阿姆斯——显然杰罗姆不愿意听到这个消息。"是，我去过那个地方。"杰罗姆咕哝着。当拉索提出把他带到那里的时候，杰罗姆拒绝了。"不，我要和我的一个兄弟去玩游戏。他正等着我呢。"但是拉索不打算放弃，他继续试着劝说杰罗姆跟他走。拉索觉得，对杰罗姆来说，阿姆斯似乎是那个晚上唯一安全的天堂。

在几分钟的时间里，拉索与杰罗姆做了短暂的交谈，同时试着决定接下来怎么办。几分钟后车停了，而杰罗姆站了起来。"我在这儿下车。"他就说了这么一句话。"跟我走吧。"

拉索最后一次恳求他,但他只是对拉索眨了眨眼睛,就踏出了车门。拉索从此再也没有见过他。

反省与遗憾

按照大部分的标准,拉索的行为都值得作为沉静领导之道来称赞。他除了每周做 60~80 个小时的投资银行家之外,还在阿姆斯中心工作。他的志愿者工作没给他的银行带来任何利益,而且意味着他的一些日子会以疲惫不堪和情绪低落开始。有的时候,他觉得他的志愿者工作根本徒劳无功,但他并没有放弃。

与杰罗姆相遇的这个插曲使他尤为沮丧。他认为自己听凭杰罗姆离去,是犯了一个严重的错误,但是不知道怎样才能阻止杰罗姆。出了什么岔子?或许拉索由于那个带刀人的缘故受不了了、吓着了,失去了判断力;或许他凭直觉意识到不可能说服杰罗姆跟他走。但是这两个理由都没有使他感觉稍微好一点儿,即使事实上在他决定不跟着杰罗姆走出地铁的时候,正是遵循着阿姆斯中心的规章制度,也不曾让他因此释怀。

拉索用英雄主义的领导标准相当严苛地进行自我审判。拉索没有竭尽全力去照料杰罗姆,没有给他找到一个容身之处,即便只是一个晚上。拉索没有冒险跟着杰罗姆走出地铁,而是坐在那里，看着他走开。那个拿弹簧刀的男人几乎攻击了杰罗姆——在那个晚上，还有什么样的猎手在等着他这个猎物？

然而，在思考拉索的所作所为上，英雄模式并非一种正确的方法。对于拉索的问题，英雄模式规定的是直截了当的办法（保护杰罗姆，给他找个容身之处），并且认为一个真正的领导者应该比拉索做的多得多。但是，从沉静领导之道的角度看，拉索的做法是正确的，而且用一种堪为典范的方法处理了一个相当棘手的问题。拉索的做法是变通规则——审慎地、明智地、负责地。

在接受培训的时候，拉索被反复告知志愿者不允许超越服务权限。原因之一是成功的越权服务要求有培训和接受监督的经验，而这是志愿者不具备的。其他的原因与阿姆斯中心承担的风险有关。如果志愿者越权服务的行为导致他们受到伤害，中心会担上责任。另外，如果没有目击证人的话，一个想引人注目的少年可能会控告某个志愿者滥用职权，这时无人能反驳他的说法；或者某个志愿者可能会被认为卷入了毒品交易。如果发生了这种事情，收容所的名声就会成为媒体手中的玩物，而募捐活动和招聘活动都会受到不良的影响。由于种种原因，收容所不需要后来被拉索称作"无拘无束的、自由自在的雅皮士"的人在街道上开展工作。

在杰罗姆最开始接近他的时候，拉索就可以直接走开。

这样做的话，他就遵守了关于越权服务的规章制度。他却并没有这样做，相反，他做了一些更困难、更令人钦佩的事情。他用了一两个小时的时间陪伴杰罗姆，同时尽其所能地试图在杰罗姆的明确而紧迫的需要和他自己对阿姆斯中心的清清楚楚的责任之间做出权衡。最后，拉索实践了领导之道——他为了能够试着去帮助杰罗姆而变通了中心的规则，但由于可能给中心带来的危险，他并没有打破它们。较之于盲目地墨守成规，或是为杰罗姆出头、做出一些英雄主义而危险的举动，拉索更乐于接受一个困难的灰色地带的挑战。

拉索面对的两难困境是我们研究过的最富挑战性的一个。例如，泰勒在新服务器上的麻烦关系到的是金钱，是一笔大生意，是办公室里的政治。摆在泰勒面前最糟的结果，顶多不过是他的年终奖金减少。相反，杰罗姆的问题可能是生死攸关的。

评判伦理行为，最好能像奥运会上裁判跳水比赛那样，对于人们真正做到了什么，考虑其行为的难度系数是非常重要的。拉索的情形就是一套复杂的高台跳水动作——他是一个经验很少的志愿者，他只能争取到一点点时间，他遇到的是一个惯于在街头生存的男孩，他所处的环境是黑暗而恐怖的，而他必须保护阿姆斯中心的名声。拉索如果最开始忽略了杰罗姆的话，就可能犯下一个策略性错误；倘若跟着杰罗姆走出地铁，他犯的就是另一个策略性错误了。

不幸的是，尽管经过了审慎的权衡，拉索对自己的所作所为还是不能满意。在几年的时间里，他都为没能更多地帮助杰罗姆感到遗憾——完全不考虑这样做的难度系数或其他的借口。然而，拉索的确表现出了真正的领导风范。

严肃地对待规则

当沉静型领导者遇到复杂的伦理困境的时候，他们遵循两条准则。其一告诉他们要严肃地对待规则，就像拉索所做的那样。另一条则告诉他们要充满创造性和想象力地找出办法，既遵循规则的内在精神，同时又对其加以变通。

拉索是一个严肃的、有思想的、遵纪守法的公民。他参加过阿姆斯中心的培训项目，在两年的志愿者生涯中，严格地遵循其规章制度和各项准则。在他与杰罗姆相处的整个过程中，阿姆斯中心关于不许越权服务的规章制度一直萦绕在心头。他理解这项规则的理由——对特殊训练的要求，以及自作主张的越权服务会给中心以及志愿者本人带来的后果。要观察拉索是多么深刻地理解了不许越权服务的规则这一点，或许最明显的迹象是他最终决定不去打破规则。

坚信法律和规则是让人们去理解、去尊重、去遵守的，这一信念本身就能把有责任心的人和沉静型领导者，与未成年酗酒者和白领骗子清楚地区分开来。在藐视法律者看来，法律和规则不过是需要扫到一边去的蜘蛛网罢了。而沉静型领导者遵纪守法却是因为他们有强烈的伦理意识。在一个民主国度中，法律反映的是人民的愿望和社会的传统。而当人们加入组织的时候，他们默认或明确地表示同意遵守它的规章和政策。

我们讨论过的所有沉静型领导者都非常严肃地对待规则。丽贝卡在处理对米勒的指控时遵守了规则（她咨询了几个律师，来确定医院对他应尽的义务），尽管她心里强烈的念头是直接开除掉米勒。柯特兹相信他的公司在出售处方药物时钻联邦法律空子的做法是错误的。马修斯上尉之所以感到愤怒，则是因为那些检查员漫不经心地、毫无顾忌地藐视了规则。

沉静型领导者可能会愿意变通规则，但往往在公然违反规则之前罢手，这当中第二个让人信服的理由是：他们对自己的个人利益非常在意。触犯法律会带来罚金之惩、牢狱之灾、身败名裂之虞，会被当地媒体口诛笔伐；违背组织的政策会给事业带来负面的影响。这就是为什么泰勒对于违反与旧版网络连接的禁令会相当犹豫：他认为其他的销售代理可能会以此来攻击他。柯特兹担心的则是如果他的公司被发现在耍花招的话，他的职业生涯就会因为被指控不当出售药品而毁于一旦。当沉静型领导者面对困难的时候，他们会严肃地对待规则，以维护他们的声誉、人际网络（人缘）和事业的前途。

在绝大多数时候，有责任心的人只要能够严肃地对待规则就够了。但是在复杂的情况下，教条地遵守规则反倒可能是不负责任的行为，甚至会导致不幸的结果。因此，沉静而有德的领导者（像拉索一样），在严肃对待规则的同时，努力地寻找转圜空间。

寻找转圜空间

沉静型领导者认为，规则制定出来不是为了让人打破的。他们对"打破规则"的概念看得很清楚：这是一个不合伦理的、目光短浅的处理严肃问题的方法。但是，他们同样知道循规蹈矩有时会导致痛苦的两难局面和有害的结果。于是，沉静型领导者努力去寻找或创造一些转圜空间，但他们的行为还是控制在规则约束的范围之内。换句话说，他们严肃地对待规则，但他们同样寻找转圜空间。

沉静型领导者之所以这样做，是因为他们深知生活中很少会出现极端的、是非分明的挑战和问题。拉索既不打算放弃杰罗姆，也不想违反阿姆斯中心的制度。他知道这二者都是严肃的。他不想因为很好地履行其中的一个而放弃另一个。因此，他只是与杰罗姆谈话，请他吃了些东西，并且和他一起乘坐地铁而已。

什么是越权服务？在遇到杰罗姆的时候，拉索正在返回阿姆斯中心的路上，而不是有意寻找那些需要庇护所的孩子。而且不是拉索主动接近杰罗姆，是杰罗姆主动接近他。的确，拉索可以让杰罗姆走开。但拉索在和杰罗姆谈话、给他一顿饭吃的时候，只是想弄清楚怎么回事。在这样一个深夜，遇到一个上来搭讪的男孩，拉索的反应与很多人是一样的。拉索没有戴着"志愿者帽"，也并不是一开始就计划要把杰罗姆带回阿姆斯中心。

此外，阿姆斯中心本来就是家帮助13~19岁青少年的机构，而它禁止越权服务的政策也是针对这个范围说的。在杰罗姆声称自己14岁的时候，他看上去更像是11岁。因此，对杰罗姆来讲，严格地说，禁止越权服务的政策，以及它背后的推理恐怕并不适用。例如，这一政策旨在保护志愿者不受暴力威胁，而杰罗姆年纪还小，他看起来对拉索不构成任何威胁。

这些看起来好像是诡辩或者钻空子的说法，却指出了一个更大的问题。禁止越权服务的规则只不过是阿姆斯中心在3年前提出的一个要求，用来避免一些特定的麻烦。它可不是"十诫"中的一条，也不是美国宪法的一章，它不是一条州立或市政的法律，而且它表述的也不是一个像讲真话或者尊重他人权利那样的基本道德原则。它是一个笼统的禁令，一个对待复杂世界的粗糙手段。这条规则很有可能在将来被修改或精炼，原因恰恰是为了适用于拉索遇到的这种情况。

此外，如果拉索忽视了杰罗姆主动接近的举动的话，他恐怕就违反了阿姆斯中心的另一条重要政策。该中心只有在把青少年送到市立的福利机构时才会"放弃"他们——这正是拉索刚刚执行的一项任务。尽管这种做法是把青少年交托给公共机构监管，但该中心将这一策略视为最后的选择或者失败的标志。换句话说，一旦该中心与某个青少年有了关系，它会竭尽所能去帮助他。难道拉索对杰罗姆不是这样做的吗？与杰罗姆谈话，跟他一起乘坐地铁，拉索遵循的难道不正是阿姆斯中心的根本使命，而不是一个制定了没多长时间的、未经验证的内部规章制度吗？在这种情形中，哪个是更重要的呢？

但是，如果拉索和杰罗姆一起下了地铁又会怎么样呢？在这一点上，拉索对于如何帮助杰罗姆离开街头考虑得很清楚。跟他一起去港务局公共汽车总站，并且试图劝说他去阿姆斯中心本来就是过于自作主张的越权服务。此外，那个带刀旅客的插曲向拉索证明，禁止越权服务的政策是有道理的。当志愿者违反规则的时候，他们可能会陷入真正的危险，同时危及阿姆斯中心的声誉和前途。

所以拉索适可而止。他认为与杰罗姆交谈，给他买顿晚饭，和他一起乘坐地铁只是对规则的变通，但是如果跟他一起走出地铁就是违反规则了。那么拉索是不是应该做得更少一些呢？或者拉索能不能做得更多一些呢？即便我们反省整件事情，这些问题也得不到确切的回答。像我们看到的一样，拉索一直认为他应该做更多的事，但是如果他这样做了，其结果不得而知。在扑朔迷离、变幻莫测的环境中，追根究底想得出最后结论的做法会徒劳无功。真正的关键在于审慎地对相互冲突的责任进行权衡。在极其棘手的情况下，拉索为此付出了努力。在这样一次要求严格的领导考验中，拉索表现得非常出色。

像拉索一样，沉静型领导者并不打算在两难的选择中钻牛角尖。他们长时间地努力寻找履行他们所有义务和使命的途径，而不是在各选择之间做出艰难的取舍。与其直接面对两难的境地，他们更喜欢用创造力和想象力来迂回前进。泰勒避免在满足客户的要求和遵循"双赢"的政策之间做出选择，正是采取了这种策略。同样，威廉姆斯在寻找既能公平地对待他的员工，又能满足上司对于迅速打一个翻身仗的要求的时候，也是用的这种方法。

人们在感受到压力的时候，自然的倾向是抓住他们能找到的任何安全的保障，而完全彻底地遵守规则往往给人以安全感。像拉索这样的做法需要真正的勇敢和果决。他把自己对于中心应尽的所有责任都看得很重，但他并没有回避作为一个关心他人的人的义务。

创业者式的伦理学

绝大多数时间里，遵循本章中提出的两条准则的第一条是不会出错的。严肃地对待规则往往是安全、明智和负责任的做法。如果大多数人不是常常这样做的话，火车就会经常晚点，社会就会四分五裂。然而在困境中，这两条准则都很重要。只遵循其中的某一条都可能导致严重的问题。

可能导致的问题之一，是由于过分重视规则而逃避责任。只说一句"这些都是规则，而我必须遵守它们"，可以成为逃避责任的手段。只有那些戴着有色眼镜的道学家才会把道德看成是一张写满了"做什么，不做什么"的清单。这看上去可能很负责任，但有的时候恰恰相反。在有些情况下，正如法国道德学家德·拉罗什福科公爵所说："我们只是由于懒惰和怯懦而坚守我们的责任，我们的道德却因此得到了称颂。"[1]

对沉静型领导者来说，严肃地对待规则并不意味着对它们逐字逐句教条地遵循。在复杂的情况下，沉静型领导者发挥主动性，相信自己的创造力，努力创建转圜空间。他们在处理伦理问题的时候，扮演的是创业者而不是办事员的角色。

这种创业者式的做法往往会带来相当大的回报。这一部分是因为人类的想象力丰富得让人惊讶。人类能通过多种不同途径观察问题的天赋是一种珍贵的才能。玛莎·努斯鲍姆[⊖]对亚里士多德的理论研究颇具天赋，她写道："道德知识……并不仅仅是理性地掌握一个命题，甚至不仅仅是理性地掌握

[⊖] Martha Nussbaum，美国当代著名哲学家兼社会批评家，哈佛大学博士，芝加哥大学教授。——译者注

特定的事实，而是一种洞察力。它是用一种高度清醒和非常负责的方式来看待复杂的、具体的现实，它是用想象力和感觉来理解事实的真相。"² 沉静型领导者处理问题的时候，抱持的信念是从现实出发的创造力，往往可以为负责任的行为创造出新的可能性。

当然，想象力不可能创造出奇迹。在伍迪·艾伦㊀的一部电影中，他描写"坐在一家咖啡馆里，试图说服一位沮丧的朋友对于一篇说他是个'无论如何都完全没有前途的剧作家'的评论"可以有许多种不同的解读。有时候事情的确是黑白分明，不得不做出抉择的。有时候我们只能遵循一种信念或是担当一种责任，把其他的放在一边。但是，沉静型领导者在陷入绝境以前，都会一直强有力地、创造性地寻找尽到所有义务的途径。

想象力往往会带来成功的另一个原因是，在大多数情况下，事情都会比最开始看上去更加多层化、更加错综复杂。例如，当泰勒深入钻研他的问题时，他意识到判定将一台计算机"连接"到一个网络上有许多不同的方式。这并不是因为他处事轻率、反复无常，而是事实上对于被计算机专家称为"连接"的概念，本来就没有标准的、板上钉钉的判定。泰勒的分析和探索揭示了问题的复杂性，而这给了他更多的

㊀ Woody Allen，美国当代著名电影导演、编剧、演员，作品充满对现代生活、人、世界的哲学思考。——译者注

机会去创造变通的方法。事实上，泰勒最后解决问题的途径（给那家律师事务所安装被归为"试验"的新型服务器），本身就是一个有创意的、在他公司规章制度范围内有所变通的方法。如果没有这个极富想象力的转折，泰勒恐怕要么就是打破公司的制度，要么就会失去一笔重要的生意了。换句话说，转圜空间并不是什么噱头，它反映的正是现实。如果仔细认真地研究世界的复杂性，就往往能够找出转圜空间。这就是对于棘手的问题，有创造性的、有技巧的解决方法常常颇有成效的原因所在。

但是，单纯地遵循第二条准则寻找转圜空间，本身就带有危险性。这就是为什么第一条准则（严肃地对待规则）是不可或缺的。想象力是需要一定限制的，而法律和规章提供了这种限制。想想看，一个银行劫匪走向一名收银员，拿出一个装满食用油的小瓶，声称它是硝化甘油炸药，能够炸毁银行，然后索要现金抽屉里装的钱。这样做可能非常聪明，但是它告诉我们如果想象力和聪明毫无规则约束的话会出现什么局面。

正如机械地遵守规则一样，打破规则是很容易的脱身之道。反之，变通规则却是艰难的工作。它需要在法律、规章和普遍的道德习俗约束的范围内发挥出创造性。它需要的不仅仅是纪律和控制，还有灵活性和想象力。最后，它还需要一种信念——相信艰难地、审慎地判断相互冲突的责任具有非常长远的意义。

拉索一直不知道杰罗姆发生了什么事。或许他那天晚上就遇到了麻烦，或许他安然无恙，或许拉索对杰罗姆表现出来的关心和同情使他更情愿去收容所，或者寻求其他的帮助。细微事情的最终结果往往是模糊不清的。这样看来，它们就像书信一样，艾米莉·狄金森㊀曾经这样形容过——人们深思熟虑地写信，小心仔细地填上地址，投送到信箱里去，但是再没有人知道它们有没有被收到，有没有被读到了。

领导之道与聪明机巧

这种处理伦理问题的方式与我们心目中关于领导的标准形象全然不同。我们更喜欢那些明确而强悍地维护自己的价值观的领导者。我们把机巧、复杂、利用漏洞和转圜腾挪与可疑暧昧的人物联系起来，而不是真正的楷模。像其他许多政客一样，罗斯·佩罗㊁在他的总统竞选中就利用了这种情绪。他最喜欢说的是"瞧，这很简单"，接着他会把一些长期

㊀ Emily Dickinson（1830—1886），美国著名隐士女诗人，在几乎足不出户的一生中，主要依赖与极少的几位朋友的通信来接触外界。生前无名，连家人都几乎不知道她会写诗，死后她的1700多首诗作才流传开来。——译者注

㊁ Ross Perot，美国富商，1992年以独立候选人身份竞选美国总统，虽未在任何一个州获胜，但得票率超过了18%。——译者注

的、复杂的国计民生问题,比作他的轿车或一条老狗。

更好的一句格言来自阿尔伯特·爱因斯坦。他说:"所有的事情都应该越简单越好,但不要过于简单了。"㊀沉静型领导者并不是随随便便地变通规则,他们也不会把聪明机巧和转圜手段当成处理问题的理想方法。但是,有些时候,情况的复杂性让他们别无选择。深入地钻研得不出结果,而他们也无法争取到更多的时间。他们遇到的情况,正如拉索在"地狱厨房"看到杰罗姆向他走来时一样。

因此他们想方设法变通规则,而不是打破它们。他们这样做是为了尽力地处理复杂的情况,而不是走捷径绕道而行。他们的目的不是逃避责任,而是寻求一种务实可行的方法来尽到他们所有的责任。对于伦理上的两难境地,一种有想象力的、创造性的方法往往能够帮助人们避免心痛如割的抉择,使他们能够实现所有他们珍重的信念。

㊀ 爱因斯坦的一句座右铭:Everything should be as simple as possible, but no simpler。——译者注

| 第 7 章 |

LEADING QUIETLY

投石审势

没有人知道，如果拉索跟着杰罗姆走出了地铁，会发生什么事，拉索极有可能会面临一系列全新的挑战。从这一点上讲，拉索的处境与许多沉静型领导者别无二致。除了认真细致地付出努力（比如深入钻研或者搞清楚他们拥有多少政治资本）之外，他们心中还有强烈的意愿选择有所作为而不是置身事外，而正是这种责任感，引领他们踏进前路茫茫的境地。他们无法未雨绸缪，也不可能按图索骥，除了随机应变，他们别无选择。

这就意味着要想方设法地投石问路、审时度势，谨慎小心地逐渐推进。他们的目标，从来没有局限于用醍醐灌顶的顿悟、鼓舞人心的话语，或是坚决果断的行动来解决问题。与那种试图一语道破、一招制敌的做法正相反，他们寻找处理问题、解决问题的各种途径。

沉静型领导者采取这种方式的原因有如下几条。其一是谨慎。正像我们所看到的那样，他们不希望把自己的全部财富都取出来做孤注一掷的豪赌，危及自己的前途和声誉。其二是他们的谦逊。沉静型领导者通常并不认为他们聪明到能光用脑袋思考就解决难题的程度，所以他们深入钻研、搜集事实、冷静分析，并寻找创造性的途径来变通规则和创造转圜空间。

但是，有些时候，光靠这些努力还不够。为什么？我们所研究过的那些案例给出了很好的说明。最基本的原因就在于，世界实在是太变幻莫测了。拉索无从预测在港务局公共汽车总站会发生什么事情，丽贝卡不可能料到米勒会冒着牺牲自己名誉的代价跟医院打游击战，马修斯上尉从没想到她会因为一次子虚乌有的检查受到褒奖。我们常常会考虑将来，想象出一两种可能性，却想不到事情真的发展到最后，可能会出现千奇百怪的结果。就像莎士比亚在《哈姆雷特》中所描写的："天上地下有很多事，在你的哲学想象之外。"[1]

莎士比亚的话太过耳熟能详，听多了反而让我们很容易忽视它的真实和力量。在意外与偶然多如牛毛的这种变幻莫测的情境中，所谓挑战，通常不是攻击或击中目标，而是定位目标之所在。在这种情况下，成功的领导之道需要的是学习，而学习就必然包含了采取一系列正确的小措施。通过测试、探索和实验，沉静型领导者渐渐就对事件的来龙去脉、需要避免的危险伤害以及可以利用的机会有了一种感觉和理解。他们依靠的不是传统的问题求解的模式，而是一种行动—学习—再行动—再学习的办法。为了了解这种方法在实践中的真正意义，领会这种策略到底怎样有用，我们将仔细研究在一家规模不大、快速成长的咨询公司里发生的一系列事件。

合伙人政治

"我讨厌她那些该死的植物。"

"你的问题跟那些植物没关系。"

"我知道，"卡特说，"但是我在想，它们中有几种是会吃昆虫的。"

卡特正在跟他的同事兼朋友罗素抱怨迪兰——她是他们工作的这家咨询公司的一位合伙人，同时还兼任公司的首席运营官（COO）。他们的谈话跟迪兰办公室里那些葱翠的植物没什么关系，而倒是跟她刚开始进行的"政治追查"有极大的关联。迪兰放话出来，说她会"逮住"任何散布关于她的恶意谣言的家伙，不管是谁。尽管她此时还一点儿都不知道，卡特正是她要追查的那个人。

卡特是万维顾问（Web Advisors）公司的人力资源部经

理，这家快速成长的公司的主要业务是培训其他各类公司如何利用因特网。卡特的主要责任之一是制订周计划表，把顾问分派到不同的项目中去。这项复杂的工作需要权衡顾问的专长、项目主管的喜好和未来项目可能的需求。万维顾问公司正以很快的速度扩大规模和雇用人手，这使卡特的工作更加艰巨。通常他用差不多3个小时的时间来拟订计划表，然后把它交给迪兰，让她做最后的决定。

通常情况下，迪兰对卡特所提出的任何计划往往都不假思索地批准，除非有哪个项目前景诱人或是牵扯到某个有重要价值的客户。在这种情况下，迪兰就会把自己分配到那个项目里去，把那些为了签成这些协议而工作了好几个月的项目主管抛在一边。迪兰还会更改她不喜欢的咨询顾问的任务，他们被分配的任务时间会变成从周五晚上到周日晚上，也包含整周整周出差的苦差事。而当卡特对其中一些改动提出异议的时候，迪兰就会提醒他说，她才是首席运营官，然后驳回他的异议。然而，那些计划表总是作为"他们两人的决定"公布出来，所以，公司同仁对此的不满也就自然由他们两个人"共享"。

卡特知道，其他的合伙人有时也会以权谋私，但是迪兰的做法实在是太过分了。事实上，在最近的几周里，问题变得越来越糟糕了，而且卡特觉得自己应该对这种局势的恶化负责。这就是他决定与罗素谈谈的原因。

卡特和罗素都是 5 年前进入公司的。他们都是 30 岁出头、已婚，住在同一个社区，都有两个孩子。他们甚至长得都有点儿像（都是块头很大、轻松活泼的男人），同事们都称他们俩为"可对换的零件"。当罗素问卡特为什么他会认为自己有责任的时候，卡特跟他讲了自己在几个月前与公司的一个合伙人基恩的谈话。

"你为什么告诉基恩？"罗素问道。

"我本来并没打算这么做，但他好像在查这件事。所以我多少有点装傻。我只是跟他提起了几件迪兰办的事，具体内容他可以自己查证。他自己得出了一些结论，然后问我是不是觉得这件事很严重。我跟他说有可能是这样。"

"真的吗？"

"是啊，"卡特说，"看上去他好像已经知道了什么。他跟我说他会摆平这件事，让我把这次谈话忘掉。"

"那然后怎么样了？"罗素迫不及待地问，多少显得有点儿过分关心，这可不是他一贯的风格。

卡特回答道："呃，其实没什么事。直到上个月，迪兰突然问我有没有听说关于她的谣言或是对咨询任务委派的抱怨。我说我听到的都是很平常的。她还信以为真了。我觉得她很郁闷，根本就没注意听我说什么。我们说话的时候，她一直在摆弄她的植物，给它们浇水、剪枝什么的。"

"所以我就坐在那儿，"卡特接着说，"心里盘算着要往她的花盆里放Drano⊖。然后她开始跟我说她会找那些谣言中伤她的人算账。"卡特注意到罗素甚至没有听出来关于Drano的笑话，接着说："后来，她好像利用那周的计划表故意整人，给那些她最怀疑的人派的活儿简直恶心透顶了。"

"那么你接下来打算怎么办？"罗素问道。

"我不知道。"

"你最好保持沉默。"罗素建议说，他明显提高了声音，双眼几乎是凝视着卡特。"你知道，我在销售部。我一直看到这些合伙人是多么喜欢迪兰，因为她在他们出去挣钱的时候让一切都正常运转。如果你不动声色，她永远不会发现是你。所以，还是隐蔽起来吧。"

"是的，我想你说得对。"卡特说，目光穿透了罗素。然后他拿起自己的咖啡杯，道了别，走回自己的办公室。

现在卡特被弄糊涂了。他痛恨正在发生的事情，觉得迪兰在利用他，但是罗素的一番话实际上是在告诉他，不要打一场没可能获胜的战争。那么，他究竟该何去何从？

卡特坐在办公桌前，开始考虑自己是否应该鸣金收兵。他把事情告诉了基恩，已经尽了自己的本分，而监督迪兰并不是他的职责。那些不喜欢迪兰的人，或者不喜欢他们的行程被安排得那么糟糕的人，大可以去找其他工作。事实上，他自己当初就是这么做的。卡特是在南达科他州的小农场上

⊖ 一种管道疏通剂的知名品牌，大概会杀死迪兰的植物。——译者注

长大的，他们全家拼死拼活地干上一年，仅仅能做到收支相抵而已。他住在那里的时候，总会额外多做一些事。他用了好多年的时间种庄稼，最后确定这不是他想要的生活。于是，他通过自己的百般努力，读了大学和研究生。他不喜欢被人呼来喝去的、无法掌握自己的命运，也不愿意看到别人有这样的遭遇。他的祖父从前过的就是这样的生活。

卡特可以感觉到自己紧张得有些喘不过气来。他拿起电话，拨了基恩的号码。或许基恩会告诉他事情已经搞定了，如果没有的话，卡特打算告诉他迪兰的"政治追查"行动。基恩在佛罗里达，他两年前因为健康的缘故搬到了那里。由于他并不参与公司总部日常的运营活动，有人认为基恩看问题的角度比较客观，但同时他对内部的政治关系也知之甚少。

铃声一响，基恩就接起了电话，他说："卡特，你真是我肚子里的蛔虫啊。我正要给你打电话呢。"

卡特认为这是个好消息。"很好，"他说，"我想谈谈关于迪兰的事。"

然而在他开口之前，基恩就打断了他："我考虑过这件事了，我想最好是你们两个坐下来把你们的问题谈开。"

听到这里，卡特猛地向前一歪，差点脱口而出："你在跟我说什么？你说过你会摆平所有的事。你想让我被炒鱿鱼吗？！"不过，他没有这样讲，相反只是说："基恩，告诉我这是什么意思。"

基恩这次在回答之前的停顿,显得有点过长:"我只是认为人们应该处理好自己的事情。我们常建议我们的客户授权给他们的手下,我认为我们自己也该这么做。我们真的不认为,作为一个不了解真相的外人,我掺和进去有什么好处。"

卡特琢磨"我们"指的是谁,但他非常了解基恩这个人,知道他不会说得更多了。

"好的,"他咕哝着,"我会考虑的,那个……"

基恩打断了他:"那很好,跟我保持联络。"

谈话结束了。基恩来了个一百八十度的大转弯。卡特怀疑是不是迪兰抓住了基恩的什么"小辫子",这倒可以解释目前出现的状况。不过,看起来不大可能——卡特不记得自己听说过关于基恩的负面评价。或许其他的合伙人想把基恩给赶出公司,认为他再也不能胜任他的工作了?或许在合伙人关系的棋局中又发生了其他什么事?

第二天,卡特碰到迪兰的时候,她问他工作干得怎么样,他所有的神经都绷紧了。

"挺好的。一点儿都没问题。"他回答说,看着她仔细地从一株开着花的小小植物上剪下叶子来,"你怎么样?"

迪兰抬起头来看着他,笑了笑,说:"我很好,谢谢你。"

她的友好实在是让卡特感到有些惊讶,卡特接着说:"我也觉得工作确实进展得很顺利。"他说这话时看似漫不经心,却竖起耳朵在听迪兰怎么回答。

"我想是这样,"迪兰说,"虽然还是有通常的起伏。"然后她脱口大骂,显然是因为她修剪的时候犯了个错误。这是他第一次听到迪兰说脏话。她把剪子放回桌上,接着说:"咱们开始弄这周的计划吧。"

这次短暂的谈话就结束了,而他们接下来的会面也不过又持续了几分钟。当卡特走回他办公室的时候,他意识到迪兰已经连着三周没有改动他提出的计划表了。

投石问路和审时度势

卡特是怎样有效地处理他的问题的呢?他面对的处境需要的是沉静领导之道,而不是戏剧化的行动。卡特后来说:"每天,在正面公然反对迪兰的深切愿望,和自己作为一个新婚丈夫、一个家的新主人和一个处于经济衰退时期专业管理人员的身份之间,我不得不进行权衡。"他补充道:"在我相信应该揭发迪兰行为的同时,我无法说服自己,让自己陷入一个无依无靠、险象环生的境地,只为了给合伙人一些道德告诫,而结果可能是得到一张步入失业大军的单程车票。这值得吗?"

卡特遵循了前面章节中提出的许多建议。他对自己的处境看得很现实:在一家由合伙人控制的公司里,他是个局外人。而他知道这一点,同样为自己并不真正知道事态的发展保持着警惕。由于他的现实态度,卡特的行动是小心翼翼的。

他并没有向迪兰发出任何道德上的攻击。他没有把所有的政治资本都摆出来，而是试着去深入钻研他的问题。但是，卡特的努力真的没有什么成果吗？他的确告诉了基恩一部分迪兰做过的事情，所以问题至少得到了一些高层的关注。而且，不知由于什么原因，迪兰在最近的三周里都没有再找他麻烦。

总之，卡特在领导方面的努力犹如一张 50 美元的储蓄债券。他通过一次小额的、谨慎的投资，得到了非常有限但也安全的回报。但是如果这就是整个结论的话，实际上是在假设这个故事已经结束了。另一种可能性是卡特和其他所有人都只不过是在享受暴风雨前的宁静罢了。而事实正是如此。在后来的几周里，万维顾问公司里的小小动荡变成了地动山摇。

幸运的是，卡特对发生的事情做了充分的准备，而他之所以准备得这么充分，正是因为他采取了谨慎的行动方式。尽管卡特没有做什么富有戏剧性的事情，但是他的做法却暗合了歇洛克·福尔摩斯给他的好朋友华生医生的一些宝贵建议。华生一直对福尔摩斯那么善于捕捉别人（也包括华生）所忽略的事情的能力感到惊讶不解，有一次，福尔摩斯对华生做了一个简明扼要的解释——"你确实看了，"福尔摩斯对华生说，"但你没有观察。"

卡特观察得非常仔细，而且并不是在看台上、树荫下悠然旁观。他积极主动地询问、检验、查证和探究，他这些举动都是为了对事态的发展有所感觉。正是这种谨慎的、不怎么引人注目的准备工作，最终使他保住了自己的工作，制止了迪兰滥用职权的行为。

卡特做的最重要的事之一是保持虚心的态度。在大多数组织里，小道消息都会把事情的真相传得面目全非，而像卡特这样处于不稳定、不安全的情况下的人，往往会相信这些谣传。不过，好在卡特知道他的问题远比答案多得多。为什么基恩一开始如此热衷于帮忙？他是不是已经知道了什么事情？他又为什么会突然打退堂鼓？他对迪兰说什么了吗？又是什么力量阻止了迪兰揪出告密者？她怀疑卡特了吗？她是不是设了圈套等着他钻进去呢？

决定如何面对这些问题和不确定因素不是件容易的事。在结束了所有这一切，开始回顾的时候，卡特说他觉得"自己很长时间都是走在一条绷紧的绳索上"。但他留在了这条绳索上，而没有依赖于基恩、罗素或者其他任何人告诉他事情会怎么发展。他并不打算想出自己的一套理论并对其身体力行来减轻他的忧虑。相反，他坐观其变，试图尽可能了解和观察到更多的东西。

他这样做的途径之一是"装蒜"，三缄其口。人们太多时候找机会高谈阔论，炫耀他们知道的事情，想要给人留下深刻的印象。然而，在他们滔滔不绝的时候，他们并没有用心倾听。相反，卡特却对自己的想法缄口不语。他问了一些简单的、没有确定答案的、不具威胁性的问题，并且十分仔细地聆听人们说了什么和他们是怎么说的。

这需要相当强的克制力。回顾一下他跟基恩在电话中的交谈。卡特马上就察觉到基恩由于某种原因打算收回他从前的承诺，而当基恩劝说他自己面对迪兰的时候，他觉得十分惊讶和失望。但是卡特没有把自己的想法说出来，相反接着问基恩他是什么意思。他不想打草惊蛇，所以没有强迫基恩必须回答这个问题，他只是希望基恩一直说下去，从中尽可能得到更多的信息。

同样，在被迪兰问到最近如何时，卡特吓了一跳，之后他试着跟她谈了几句，虽然并没有从中了解到多少东西，但他明显地感到她在盘算着什么。而当罗素问卡特他要做什么的时候，卡特只是说不知道。卡特留了一手——在面对所有这些不确定因素的时候，这是一个明智的举动。

卡特的克制伴随着灵活性。他在给基恩打电话的时候，本来打算告诉基恩所有事情，但当他意识到基恩对他的想法已经不感兴趣的时候，就放弃了原来的计划，临时做了新的决定。他设法使基恩多说了一些话，终于在他说"我们真的不认为"的时候，发现其他人已经插手这件事了。

事态的发展

将所有这些投石问路、审时度势和细致观察加在一起，能得到什么样的结果呢？一个批评家可能会说卡特并没有施行领导之道，因为他没有真正去解决问题，而是搬弄是非，还进行了低劣的暗中监视活动。如果卡特真的想有所作为，他应该在最开始的谈话中就把他知道的一切告诉基恩，而在他们通电话的时候努力说服基恩去付诸行动。然后，如果基恩还是表现得无动于衷的话，卡特应该想办法绕开基恩把问题向上面汇报。

对这种批评的回应之一是卡特不想危及他的工作。如果他把迪兰逼得太紧，她就会像对待她心爱的植物上的一片枯叶那样对待他。但是，真正的答案是，卡特事实上比他看上去做得要多。其实，卡特的所作所为对于负责尽职的领导之道来说，是最基本的行为，而他采取的步骤在迪兰的问题发展到高潮的时候被证实为至关重要。

卡特的投石问路和刨根问底使他对事态的发展有了一些概念。这一点是极其重要的，因为他面对的是沉静型领导者经常遇到的处境。像卡特一样，他们想尽办法深入研究他们的问题，但周边情况看上去还是相当复杂。例如，丽贝卡不知道董事会会在何等程度上支持米勒；马修斯上尉对总检察长是否与那个敷衍了事的检查团沆瀣一气不得而知；威廉姆斯不能确定哪一个银行员工可以达到合格的标准，即使他给了他们公平的机会；拉索对于如果他跟着杰罗姆出了地铁的话会发生些什么事，也一无所知。

但是，尽管有这些不确定的因素和风险，卡特还是没有接受罗素的建议，鸣金收兵，当一切都没发生过。他继续探询、查究、投石问路。卡特的行为大多数并不属于深入钻研——他没有多少事实需要搜集和分析，他也并没有想方设法去变通规则，相反，卡特是在为了对周围发生的事情有个概念而努力。投石问路和审时度势的做法帮助他对万维顾问公司里的事态发展有了某种概念，一个大体的直觉。

在卡特遇到的这样混乱复杂、不断变化的环境中，对事态发展的概念是一个不可或缺的指南针。这种直觉来自对表面看起来毫无关联的事情和行为的内部联系中的那些细致入微、层出不穷的迹象的观察。它是对某种情况下所有可能正在发生的事情的警觉。对事态发展的概念是通过人的感觉，而不是看到的事实和冷静的分析得出来的。它只给人们指出了一个大体的方向，有时候甚至很急切，但它不会提供详细的行动计划。

这种直觉是人生经历中的一种"能学不能教"的东西。在那篇著名的关于列夫·托尔斯泰的散文《刺猬与狐狸》中，充满智慧的英国历史学家以赛亚·伯林⊖（Isaiah Berlin）曾

⊖ 以赛亚·伯林（1909—1997），英国哲学家和政治思想史家，是与波普、哈耶克齐名的自由主义思想领袖。他曾把托尔斯泰描述为一只自以为是刺猬的狐狸。狐狸与刺猬的说法，是他对古希腊残诗"狐狸知道很多的事，但刺猬则知道一件大事"的一种发挥，用以比喻两种相反的思想性格："刺猬"的胃口大，喜欢对广泛的事物采取整体把握的立场，"狐狸"则不然，关心的不必是全，而是多，即多方面地追逐、猎取目标。——译者注

经写道，托尔斯泰最敬佩的领导者拥有"一种对于特定情况下的不可估计因素和可估计因素之间联系的警觉，一种对事物的'样子'的感觉"。² 打牌的人对此有更简要的说法，他们会说你必须知道"什么时候持牌不打，什么时候把牌打出去"。他们说的是同一回事，就是一种既有心又无意的、既客观又主观的、既感性又理智的对事情的含蓄理解。它是不能像一只昆虫一样，被钉在实验室的托盘里进行解剖的。

在卡特的案例中，他的直觉告诉他，他应该如履薄冰、谨慎小心。虽然万维顾问公司在以很快的速度扩大，它的客户都很满意，利润和奖金也都在提升，但是卡特所接触到的所有人都看上去紧张不安、心慌意乱。他的好朋友罗素平时本来是一个轻松愉快的人，这时却失去了他的幽默感。他没有像朋友一样给出建议，而是像一个法庭上的律师那样审问他，然后几乎是给他下了命令。基恩来了个彻底的一百八十度大转弯，迫不及待地撂下了卡特的电话。在他们上次碰面的时候，迪兰显得心神不定、手足无措。而这些并不是仅有的警报，卡特感到有些疼痛的肩膀和脖颈似乎也在告诉他同样的事情。

有些事情在卡特的周围发生着，但他觉得摸不着边际。所以他没有遵照基恩的建议去做，而是坐观其变。

合伙人会议

在接下来的几天里,卡特越来越忧心忡忡,因为他一连收到了好几封基恩发来的电子邮件,劝说他与迪兰讨论这个问题。卡特回答说他正在考虑以最佳的方式来处理这个问题,并答应随时通知基恩——换句话说,他争取了一点时间。然而卡特并不打算向迪兰提起这个问题,使自己遭遇被炒鱿鱼的厄运。

在他下一次遇到迪兰的时候,她告诉他自己打算如何揪出那个造谣者。她会告诉执行董事会(基本上是所有的合伙人),她由于谣言带来的压力,已经无法正常工作。她认为这会逼迫基恩跟大家彻底摊牌。

迪兰的计划果然奏效了。两天后,基恩给卡特打了电话,让他第二天一定要待在办公室里。卡特知道那天下午公司的执行董事会要召开会议,而他感觉到他一定会被叫到会议上去。那天晚些时候,基恩快步走进卡特的办公室。"他们已经讨论了好几个小时了,"他说,"我不知道他们想干什么,但他们想和你谈谈。你得自己决定怎么做,我不能给你任何保证。"

卡特完全不能相信这竟然是公司的"道德支柱"跟他说的话。他的第一个念头就是基恩因为怯懦而变节了。因为他负责制订计划表,卡特与每个合伙人都有过某种一对一的工作接触，但是他对他们之间的相互关系知之甚少。公司的运作要通过包括创建者、最初的合伙人、新近加入的合伙人以及通过合并而参加公司的合伙人的讨论，执行一个错综复杂、令人费解的决策程序。卡特曾经跟他的朋友说过，执行董事会总是让他联想到一个紊乱失调的大家庭。当会议室的门在他背后静静地关上的时候，卡特意识到他可能会在随后的几分钟里丢掉工作，他开始担心起自己在无所事事的几周该干些什么来了。

卡特在会议桌前坐了下来，迅速地环顾四周。迪兰的座位正对着他，而他右边某处传来了公司高级合伙人的突然发问："卡特，好像公司里有人在散播关于迪兰的流言蜚语。你对这件事能告诉我们一些什么吗？"

卡特直视着迪兰，坦言自己就是那个跟基恩谈过话的人，并且详细描述了他们交谈的细节，然后他为自己没有做到更加负责和更早地坦白自己的行为表示了歉意。在他说话的时候，迪兰惊讶地瞪大了眼睛，面部肌肉紧绷，表情僵硬。等卡特说完了，他又被问了几个小问题，他简短而诚实地给予了回答。这时他注意到迪兰的表情松弛了下来。然后那位高级合伙人对他道了谢，卡特走出了房间。在走回自己办公室的时候，他觉得有点儿头重脚轻，而且十分疲惫。

出乎意料的是，卡特保住了工作，迪兰也是一样——他们继续搭档负责制订公司的计划表。他们的碰面自然是非常尴尬难堪的，但卡特很快注意到迪兰再也没有利用计划表为自己谋利。几个月以后，公司宣布了机构重组，由另一位合伙人接手了制订计划表的工作。

逐渐推进

敏感和克制是沉静领导之道的标志。在卡特的案例中，他在与合伙人打交道的过程中所没有做的事情，事后证明和他实际上做了的事情一样重要。那些合伙人只是问卡特，他跟基恩第一次碰面时都说了什么，而卡特也只回答了当时他提出来的那些问题。他们没有问任何别的事情，所以他也没有提到迪兰关于追查她的敌手的计划。

后来卡特意识到，正是因为他省略了这一点，才保住了他的工作。如果卡特做了更多的揭发，指责迪兰操纵耍弄她的合伙人同事的话，他就会把那些合伙人逼入死角了。如果他们认为他撒谎的话，他就会被解雇；如果他们认为他有可能说的是真话，他们就不得不对他的指控进行调查。如果这些指控被证实为错误的，他会被解雇；即使它们被证实为正确的，他也会给人留下告密者的印象，而这通常会对他的事业产生不良影响。

幸运的是，卡特并没有在战斗一开始就打光他所有的弹药。由于只讲述了故事的一部分，只阐述了基本的事实，避免了道德上的指控，卡特给了那些合伙人和迪兰一个台阶。靠着一点创造力，他们就可以挽回面子。例如，他们可以装作迪兰只是犯了一些不够注意的错误，或者做了一些引起卡特和其他人误会的事情。她可以做出道歉，保证在将来的工作中更加谨慎。然后那些合伙人就可以让迪兰留在她的岗位上，一切会回到正轨上来，这场冲突会就此了结，而那些合伙人会回到他们的客户那里继续工作。

后来卡特说，由于只讲了故事的一部分，他"无意间保留了迪兰不愿意他打出的一张王牌"。如果迪兰试图解雇他的话，他就会把全部事情说出来了。或许那些合伙人会站在迪兰的一边，因为她是内部的一员。但是也可能有足够多的合伙人相信他的话，从而给迪兰带来真正的麻烦。她是个谨慎的女人，不大可能愿意冒这么大的风险。

通过逐渐推进，卡特留下了选择的余地——给他自己、给迪兰，也给其他那些合伙人。在不确定因素的包围下，他并没有认定只有一条路是正确的，非这样做不可。实际上他所做的是借助了一个奇妙而古老的哲学难题，这个难题被称为"芝诺悖论"⊖，它的结论是某个人无法从一个地方移动到另一个地方。芝诺的推论是这样的，在某个人从 A 点移动到

⊖ Zeno's paradox，芝诺（Zeno），古希腊著名哲学家，曾提出四个关于连续与离散的悖论问题，几乎在每一本微积分课本上都会提到。——译者注

B 点之前,她必须走完 A 到 B 之间距离的一半路程。而且,在她接着走完到 B 的另一半路程之前,她必须走完一半路程的一半,而且就这么一半又一半地走下去。

卡特的做法跟这差不多。他没有介入争论,告诉那些合伙人迪兰在滥用她的职权,而且在操纵耍弄他们,而是把他将要做的事情分割为若干微小的步骤,然后他每次只走一步。在每走一步之后,卡特会停下来,对自己了解到的东西进行反思,然后考虑何时和如何采取下一步行动。卡特和哲学家芝诺之间唯一的区别是,卡特实际上到达了某个目的地:滥用职权的行为停止了,而且他保住了自己的工作。

沉静领导之道的挫折

弄清楚卡特到底做了什么和没做什么是非常重要的。回想一下他说过他"无意间"保留了一张王牌。换句话说,他并没有坐在合伙人会议上,想象所有的情节和偶然性,然后策划出一本关于如何聪明地解决所有可能出现的问题的代表作。他没那么聪明——也没有人那么聪明。卡特不知道那些合伙人都了解了什么,也不知道他们的真正计划,没办法预料他们会问他什么问题,更不知道在这样的压力下,在他的工作岌岌可危的时候,他会怎样回答他们的问题。

沉静型领导者并不是对很长的一套步法和对方的应对手

段智珠在握、了然于胸的聪明棋手，他们会和其他所有人一样饱受不确定因素之苦，但是他们在对待这些不确定因素的时候采取的是一条特殊的途径。他们喜欢更谨慎、更有节制的思维方法和行动方法。他们不会充满自信地搜寻正确的答案，而是更关心如何能够找到最终合理、可行的答案。他们乐于把时间用在投石、观察、筛选和回应上面。在采取行动之前，他们会设法对某个环境有一定感觉，对事态发展有一定概念。如果有可能的话，他们会逐步地推进。对他们来说，领导之道是一个过程，往往漫长而曲折，而不是一个戏剧性的或者英勇的事件。

这种领导风格可能会遇到挫折。卡特时不时就会有揭发迪兰或者把她滥用职权的行为到处披露的念头，但是他并不认为过于招摇会有什么好处。所以他把自己的想法闷在心里，继续做他的工作，同时接着观察、了解，并且寻找机会。即便是在滥用职权的行为停止之后，即使他保住了自己的工作，他还是继续受到挫折。卡特有时会认为他真的应该在基恩和那些合伙人面前坚持一个强硬的立场，那样他可能会迫使那些合伙人直接面对这个问题，采取迅速解决的方式。尽管后来听到了一些二手消息，他还是不能确定他走了以后那次会议上究竟又发生了什么。虽然滥用职权的行为确实是停止了，但他始终不能确定迪兰是否的确受到了约束，或者由于她的所作所为受到了惩罚。大约一年以后，他离开了公司，去读

EMBA 了，始终也不知道他是否已经毁掉了自己在万维顾问公司的前程。

这些挫折对于沉静型领导者来说几乎是不可避免的。恪尽本分与力挽狂澜是不一样的，卡特尽到了他的本分——通过他的智慧、决心和谨慎。他仔细聆听，认真观察；他提出了一些有点"装蒜"的问题；他的态度是耐心的、谦虚的、调解的；在他尽可能地深入钻研的同时，他还注意到了出现的迹象和更大的动向——这被莎士比亚称作"人类事务的潮涨潮退"；他避免了指控别人在道德上卑鄙堕落，因为这很快会使事态激化；他在前进过程中每一次迈的步子都很小，克制住了自己公开对迪兰进行挑战或揭发的欲望，从而给其他人一个做出处理和挽回颜面的余地。

按说卡特应该在最终钳制了迪兰行为的一系列事件中扮演了某个角色，但他永远不能确定这件事。无论如何，他的努力不大像是决定性的因素。迪兰在万维顾问公司属于一个圈内人，而一个不开心的员工向她投掷几块石头，通常只能被她身披的责任重大的盔甲反弹掉。如果其他合伙人有所行动，正如他们表现出来的那样，他们很有可能是在对更多需要考虑的事情做出反应。回想一下，他们最终是通过一种组织手段来处理迪兰问题，这种手段被称为"迂回"的方法——在几个月后解除她在公司里的实权，并使这件事成为大范围机构重组的一部分。这显然说明卡特和那些合伙人所面对的是复杂的情况。

沉静领导之道常常就像是在一家奇怪的剧院里扮演一个角色，有时是个小角色。故事的主人公出自一个尚未完成的脚本，几个编剧正在为下一幕会演什么争论不休，而且没有人知道故事将如何结尾。在这样的情况下，领导之道就像卡特所做的那样，是一个长期的学习、适应和随机应变的过程，它意味着设身处地地面对问题，并努力解决它。它需要的是现实主义——不是批判性的那一种，而是对于世态人情和个人定位保持基本的谦卑态度的那种现实主义。

投石问路、审时度势和逐渐推进，往往是改变环境最好和最快的方法。事实上，很多英雄主义领导者也理解这一点。例如，法国的爱国者和政治家夏尔·戴高乐，由于在第二次世界大战时期对德国的占领进行了英勇抵抗和在法国战后重建中的领导地位闻名遐迩。而戴高乐把他政治生涯的成功归功于三条原则：与圈内人并肩的同时携手局外人；充分利用无可避免、必然发生的事情；不要让自己处于危险的境地。⊖

卡特的行为与这些指导方针如出一辙，甚至做到了更多。他逐渐对自己的处境有了一定的感觉，这是一种他尽可能搜

⊖ Staying in with the outs, exploiting the inevitable, and not getting caught between a dog and a lamppost，也见于"墨菲法则"。——译者注

集到的事实与他对周遭环境的感受和直觉结合的成果。然后他谨慎地、警觉地、敏感地采取行动。最后，他在没有把自己陷入同归于尽的前提下，为制止迪兰滥用职权的行为出了一份力。

当然，在适当的时候，投石问路和耐心地逐渐推进必须结束，而人们需要做出选择。但是即便到了需要做出选择的时候，沉静型领导者依然避免持强硬的立场。相反，他们想方设法去做出妥协。但是这种方法会招来非常棘手的问题，比如什么才是合理的妥协？它跟背叛出卖有什么区别？一个人怎么才能知道是该坚持立场还是见风使舵？对于这些问题的回答，决定了沉静领导之道的基本原则，而我们将在第 8 章中进行讨论。

| 第 8 章 |
LEADING QUIETLY

妙手妥协

当基本原则受到威胁的时候,妥协在道德上是很受怀疑的。它让人有种沆瀣一气、互开方便之门的感觉,也会使人联想起烟雾缭绕的密室里,政客和说客之间进行的交易。当所罗门王必须判定两个妇人谁才是婴儿真正的母亲时,他提议把孩子劈成两半,一人分一半。婴儿真正的母亲在听到这个恐怖的主意之后吓得哭了出来,提出自己宁愿放弃这个孩子。她的反应使所罗门王对一切真相了然于胸。他深知价值观很强的人是不会在原则问题和信念上摇摆不定、做交易的。

妥协行为从道德的角度来看,基本属于对分歧的简单折中。这在有些情况下可能是很好的行为,但在涉及基本的价值观时则不然。假设一个二手车推销员声称一辆老旧的雪佛兰车是珍品,不过他可以用 8000 美元的价格甩卖,而顾客则回答说它应该被当作废品出卖,他只出4000美元,半个子儿也不多给。然后,双方以6000美元的价格成交。这有什么问题吗?完全没有。两方面都在努力地讨价还价,然后取了一个双方都认可的中间值。他们的交易是完全可以接受的——它是一个"在能对自己行为负责的成年人之间发生的市场行为"。[1]

但是当重要的原则受到威胁的时候,这种方式看上去就错了。人们应该做正确的事,而不是半对半错的事情。他们说的话应该完全真实,而不是半真半假。他们应该任何时候都做到公正,而不是只有周一、周三和周五才这样做。就像那个被送到所罗门王面前的婴儿一样,道德原则是不可分割的。它们应该被英勇而坚决地捍卫,而不是被拿来"砍价"做交易。

沉静型领导者接受这个基本的道德原则观点,但他们发现,在大多数情况下,它并不是特别管用。当然,他们拒绝把一个基本原则当成意大利香肠,一片一片地割让出去。他们同样知道,有时候,事情是非分明,而基本原则必须被捍卫——往往是通过自我牺牲或者英雄行为,或者就是被出卖。在这种情况下,大多数人是不会越雷池一步的。

但是,沉静型领导者把这些方式看作最后不得已的选择,因为他们是从不同的角度看待妥协行为的。他们把妥协视为对他们的想象力和独创性的挑战,视为艰巨、严肃的努力。

他们相信妙手妥协通常是一个学习和实践务实智慧的宝贵机会。在他们的概念中,最成功的妥协,与简单地调和分歧以及出于实用的考虑而牺牲重要的价值观,并不相干。相反,它们是持久而实际地保护和显现重要价值观的有力途径。

妙手达成负责而可行的妥协,并不仅仅是沉静型领导者的某些做法,它们还体现了他们的为人。在前面章节中描述的努力,诸如现实地看待事物、争取时间、变通规则、深入钻研、寻求政治资本投资的最佳回报、投石问路、审时度势,都是为了达成以可行、负责的方法解决伦理问题这一最终目的所采取的关键步骤,而妙手妥协往往是做到这一点的最佳途径。

通过仔细研究一个案例,能够帮助我们更好地理解妥协对沉静型领导者究竟意味着什么,在这个案例中,一个负责任的、有头脑的人面对的问题,最初看起来似乎是要对她的基本原则做出非此即彼的取舍考验。这个人是希尔维曼,某大城市的一名负责公共健康⊖的官员。她面对的问题是,吸毒成瘾的孕妇和新出生的染有毒瘾的婴儿,两者数目正在与日俱增,而她必须进行敏感的二者择其一——更强有力地从严执法,或是采取更好的劝说方式和医疗服务来解决这个问题。

⊖ Public Health 在习惯上被译作"公共卫生",但译者认为"公共健康"或"公众健康"的译法更恰当些。——译者注

我们认为希尔维曼的故事很有价值，原因有二。首先，她借助了许多前面章节中讲述的准则，而她的努力证明了这些准则作为解决问题的工具，是多么有用。其次，通过奋斗争取和想象力，希尔维曼在简单调和分歧之外找到了另一条途径，在满足她承担所有那些相互冲突的责任的前提下对问题进行转化。

新年婴儿

1995年的新年钟声刚刚敲响，佛罗里达州某家大医院就迎来了新年的第一个婴儿。那个小女婴只有4磅[^1]重，而且遗传了她母亲的可卡因毒瘾。当地媒体当然不会放过这个故事，而市长本人（希尔维曼的上司），也无法对其置之不理。他与希尔维曼约定了时间碰面，寒暄似的问了问她的假期过得如何，其实对她的回答毫不关心，然后突然就把话题转到必须讨论一个新的政策计划。

希尔维曼对她接下来听到的话大吃一惊。市长提出的方案是采取其他地区已经实行的做法：他想要采取一种强硬的"铁拳"政策，开始拘捕那些在怀孕期间吸毒的妇女。他还想提出立法议案，让检察官起诉这些妇女虐待婴儿。新的政策将取代现行的处理办法，其实现行的处理办法根本算不

[^1]: 1磅≈0.454千克。

上一项政策，只是由时有时无的强制执法和毫无规律的对孕妇的延伸服务㊀胡乱拼凑而成的。市长相信除了采取法律手段来对付这些妇女以外，几乎没有什么办法。那个新年婴儿提醒了所有人，这个城市的婴儿死亡率一直居高不下，而且伴随着吸毒率和跟毒品有关的暴力事件发生率一直在不断攀升。该市的各种报纸、警方以及很可能是下届市长有力竞争者之一的市检察官，都在呼吁市政府迅速采取行动。

希尔维曼一直听着，没怎么吱声，并且答应按照市长的要求去做——参加由检察官、卫生官员和警方组成的特别工作组，研究出新政策的详细方案。为了强调这件事的重要性，市长将亲自挂帅领导特别工作组。

然而，在希尔维曼驾车离开市政厅的路上，她意识到自己无法赞同市长的计划。在她抵达自己办公室的时候，她感到忧心忡忡和迷惑不解。希尔维曼是市长忠实的拥护者，希望他能够连任。直到现在，他们一直在政策问题上保持着完全一致的观点，而这也是她本能地答应他的要求的原因之一。另一个原因是，在很大程度上，希尔维曼在这个问题上是同意市长的看法的。她认为所有吸毒的行为都是不正当的、非法的，而且绝对不能饶恕。她坚信禁毒法律应该被严格执行，每个人对自己的行为都有不可推卸的责任。就以当前的这件

㊀ 所谓延伸服务，在本案例中特指政府或公共机构向某一特殊团体提供超出其法定职责范围内的超常规服务。——译者注

事来说，她这些年里看到过许多染上毒瘾的婴儿，而她每次的反应几乎都是一样的：难以置信和毛骨悚然。这些幼小的受害者对她内心最深处的是非观念构成了相当大的冲击。

但是在希尔维曼到达她办公室的时候，她意识到自己不能支持那个强硬的"铁拳"计划。像许多其他健康专家一样，她相信如果用逮捕来威胁那些孕妇的话，她们就会吓得不敢去医院和诊所就医。她们的健康会受到损害，并且会影响她们生下的婴儿。希尔维曼还知道，一些研究表明，那些接受孕期检查治疗的妇女生下的婴儿，他们的健康状况要好于没有接受孕期检查治疗的。事实上，孕期检查治疗的重要性非常之高，即使产妇在怀孕期间继续吸毒的话，婴儿的健康状况也会比不接受检查治疗的要好。但是希尔维曼同时也很清楚，在市长的办公室里，政治斗争上的严酷现实此刻要比政策的副作用和统计数字的权重更高。

看起来，希尔维曼没有多少选择的余地。一种选择就是再去找市长，告诉他自己反对他的强硬计划，并且解释说她不会参与特别工作组的工作。但是这样做会使她损失一大笔政治资本，还可能意味着某个支持新政策的人会取代她在特别工作组里的职位。另一种选择是用辞职来表示抗议。这样做的话，希尔维曼可以做到忠于她的个人信条和专业判断，而她的观点也会引起广泛关注。不过，这种关注实在是太短暂了，而那些刊载它的报纸会很快被扔进街道旁的垃圾箱里。

还有一种选择是，约个时间和市长面谈，试图说服他改变主意。她知道自己可以列举专业知识、研究结果和基本常识，但她怀疑市长是否有耐心听下去。事实上，他很有可能转而使用他的魅力和极具说服力的手段来劝她改变主意。而且，希尔维曼觉得他很可能会成功。她很容易想象到，他会说现存的制度已经支离破碎，无法修复，而激进的举措是很有必要的，作为面向长远的政坛一分子，你必须奋起迎接挑战，螳臂当车没有任何意义。谈到最后，他会凝视着她的眼睛，告诉她他是多么需要她的帮助，以此来结束他的这番话。

好在希尔维曼放弃了所有的这些选择。像我们讨论过的沉静型领导者一样，她不打算牺牲掉自己的职位，也不会对此事袖手旁观。由于深深地关注这个问题，她乐于利用自己的政治资本来做一些事，但她需要的是另一种处理问题的方式，以使她避免陷于从严执法和提供医疗的夹缝之间。

由于研究出新的办法需要几个月的时间，希尔维曼的第一步就是尽可能地争取时间。她把回去找市长谈话的念头搁在一边，与他的两名政治顾问碰了头，告诉他们逮捕和拘禁孕妇是玩火的行为。她说所有人现在都在关注新年婴儿事件，但问题是，如果报纸头版刊登了警察把戴着手铐的孕妇押进警察局的图片，公众会做何反应？

这个问题引起了那两个顾问的注意。然后，她又让他们想想被逮捕的会是什么人。答案是许多黑人和拉美妇女。在这个社会群体中,现任市长赢得了很高的支持率,但是如果许多当地的领袖人物觉得自己的选民受到了歧视,成了替罪羔羊(如果这些选民成为市长发起的这次"铁拳"运动的受害者的话),后果会如何?她提出的显然是政治性问题,打出的是"竞选牌",跟公共健康没有半点关系。然而一项强硬政策会成为政治上的一枚手榴弹,而她知道市长的顾问不会把这视为儿戏。她说完以后,其中的一名顾问便说:"好的,我明白了。我们会研究的。"这句意思含糊的话结束了他们之间的谈话。

两天之后,市长又把希尔维曼找去面谈,解释说他要派给她一个新的任务。希尔维曼的第一感觉不妙,觉得可能是马上就要被调离岗位了。但是正相反,市长告诉她,他收回了他的"特别工作组"计划,打算召开新闻发布会,宣布该市正面临着一场婴儿死亡率危机,表明他对"乱世需用重典"的支持,并且宣布他的办公室将立即开始制定新的政策。然后,他要求希尔维曼来负责领导制定这些政策。

希尔维曼告诉他说,她其实无法赞同他一开始的"铁拳"方案。他说,他认识到了事情比他一开始设想的更为复杂,但是,他又补充说,她得理解他的办公室所承受的压力以及问题的严肃性和危险性。希尔维曼犹豫了一会儿,然后答应帮忙。几分钟以后,在市长还在向她道谢的时候,她就开始怀疑自己是否又一次需要认真地重新考虑她仓促的决定。不过这一次她没有。在她驾车回办公室的路上,她意识到,新任务不管有些什么困难,都会是她事业中遇到的最大挑战。它会把她置于美国大城市面对的最棘手问题之一的中心地带,它会要求她运用自己在过去20年中磨炼出来的所有技巧和经验。而且,如果她成功的话,将能帮助成百上千名妇女和儿童摆脱悲惨的境地。

但是,为什么市长会转变方向,撤回特别工作组,收回"铁拳"计划呢?而且他为什么会选择她来牵头制定政策呢?希尔维曼猜想是因为他的顾问同意她关于政治风险的意见。显然,市长也得出了结论,认为宣布新政策将在近期出台,要比让一个特别工作组花上六个月的时间来研究这个问题更为合理,看起来也要好一些。他很可能也感觉到希尔维曼在公共健康领域的背景会加重新政策的筹码。如果改革成功,得到荣誉的就会是市长,而不是一个特别工作组;如果改革失败了,希尔维曼猜想,责难将会落到她的头上。

然而,由于答应了市长的要求,希尔维曼把一个有些棘手的问题变成了一个看上去没有可能解决的问题。对于是否参加"铁拳"政策特别工作组的个人两难困境消失了,可是现在她必须研究出一整套替代的政策。在做这件事的时候,她似乎仍旧面临着不知如何取舍的两难——如何打破从严执法和提供医疗两者之间的紧张局势。同时,媒体、社会群体、政治候选人和公共健康组织随时都准备着剖析甚至挑剔她的一举一动。

在随后的6个月中,希尔维曼与她的班子一起竭力寻找问题的根源所在,同时拼合出一个方案来。最初的步骤之一是调整她部门的人员分配,把更多的人力从办公室的工作转移到做孕妇的劝说工作上来。他们的目的是给处于危险中的妇女尽可能宽松的空间,使她们能参与该市的孕期医疗计划。这些做延伸服务的工作者还试图帮助那些妇女理解吸毒对她们的婴儿会有什么样的影响。

这一最初努力的结果令希尔维曼大为吃惊。她原本以为毒品的危险性尽人皆知,许多年来的反毒品运动已经普及到了每一个人,而许多妇女会对简单直接的劝说工作有积极的反应。但实际情况是,她的属下发现很多时候需要把看起来挺吓人的死婴或发育很不完全的、浑身插满管子的婴儿照片拿出来给那些妇女看,甚至即使用这种"震惊疗法",还是有很多妇女对提供给她们的帮助显得犹豫不前。

当然,延伸服务绝不会被当作彻底的解决方式,关键的一步是让那些妇女去看医生,接受孕期检查治疗服务。这又回到了提供医疗和从严执法之间的两难选择的起点。希尔维曼的同事们没费多大力气就(通过面访、问卷调查和医学报刊上的文章)证明他们中大多数人已然确信的一点——医生和护士不愿像警察那样工作,告发那些病人。他们说,除非病人相信他们,把所有损害自身健康的东西都告诉他们,否则他们是无法履行医务工作者的职责的。

在达成某种成果的谈判中,关键的一方是市检察官,他支持强硬方案,认为那种方式能帮助他成为下任市长。通过一连串旷日持久的、有时会出现紧张气氛甚至激烈争执的会见,希尔维曼终于说服了市检察官,达到了她的目的。她解释说,她相信有三个棘手的现实问题是无从回避的。一是,一项针对该市少数种族的制裁政策对任何政府官员来说都会造成损害。二是,医生和护士不愿意告发他们的患者。三是,吸毒的孕妇必须以某种方式为自己的行为付出代价——出于道德、法律和政治上的原因。有了这三点,希尔维曼就把最基本的问题摆上了桌面:这个城市不能再承受任何种族仇视;新政策不能依赖医生和护士的自发帮助;怀孕的吸毒者和她们的孩子需要医疗上的帮助,而不是监狱的拘禁。

最后,市检察官办公室同意支持一项"赦免计划"。这意味着那些妇女会得到明确而反复的承诺,她们给医生和护士提供的信息不会被用于任何指控她们的法律程序中。为了换取市检察官对赦免计划的支持,希尔维曼提出,如果生下的婴儿染上了毒瘾,那些妇女就会被送交儿童保护服务部门。该部门会要求她们接受治疗和定期的毒品检测。如果那些母亲违反了协议,该部门将采取一些措施来使母子分离。

这项新的方案给出了三个信号。一是吸毒成瘾的孕妇可以去看医生,向他们咨询,接受他们的帮助,而不用担心进监狱。二是家庭是非常重要的，而该市会努力帮助妇女保住她们的孩子。三是该市无法容忍持续的吸毒行为，而触犯者将为之付出代价。希尔维曼希望这些信号能够对那些孕妇和市长的关键政治选民都产生效果。此外，这个计划提供了一条非常务实的途径，使医生和其他医疗工作者避免扮演"强硬执法者"的角色，这对整个方案的成功与否是十分关键的。

一达成这个协议，希尔维曼和她的同事们就去找当地所有为孕妇提供病床和戒毒治疗服务的医院，劝说他们每个月无偿接纳一名低收入的患者。有些医院的领导很乐意地答应了，而其他医院则只是在他们的医院从市长那里得到优惠政策之后才答应。

用了差不多10个月的时间，希尔维曼的方案才得以出台，花了这么长时间，主要是由于他们与许多对成败起关键作用的各方人士进行了广泛的谈判。尽管特别工作组的进程超出了预定的时间，市长还是认为这种努力将会有回报，继续对其进行支持。最后，所有的事情都各就各位了——扩大的服务、赦免计划、附加的医疗床位，以及儿童保护服务部门的密切监督。剩下唯一的问题是，这个计划能否起作用？

希尔维曼盼望最初成果时的心情是复杂的。如果计划起作用的话，将很有可能是她整个事业生涯中最大的成就。同时，她也担心一个看起来成功的计划可能实际收效甚微。而事实不幸被她言中了。尽管该市的婴儿死亡率不再攀升，甚至开始有所下降，但基本问题依然存在。希尔维曼参加过一些对高度危险的孕妇的庭审，由于发现一些她认识的妇女生下了死婴，或是体重过轻、恐怕活不了几天的婴儿，使她感到备受打击。这时，降低婴儿死亡率的种种策略都显得苍白无力，而希尔维曼觉得自己失败了。

此外，这项计划随着时间的流逝需要进行重要的修改。例如，当希尔维曼和她的同事意识到他们在因果关系上的一些判断错误时，有关延伸服务的条款就必须得改变重点。他们本来以为基本的问题在于妇女在怀孕期间开始吸毒行为，但后来他们发现，许多接受治疗的妇女早在怀孕以前就有了严重的毒瘾——事实上，许多人之所以怀孕，是因为她们为了得到买毒品的钱而沦为妓女。为了帮助这些妇女，希尔维曼的下属们与当地福利部门和慈善机构合作，为她们安排其他的收入来源。

尽管他们对这些新的问题做到了查漏补缺，希尔维曼还是非常失望地发现，问题比她开始假设的更加深刻，甚至更难解决。然而，她不能让这些感觉表现出来。新的政策需要抵抗怀疑者的抨击，他们宣称强硬手段可以更快更好地解决问题。而且她的同事、市长办公室、医疗官员和社区代表都需要看到一个成竹在胸、朝气蓬勃的领导者。不过，虽然希尔维曼仍然受失望情绪的困扰，不知道新政策的长期收效如何，也不知道还会发生什么意外，现在的她仍对自己能够对付这些变化充满信心，毕竟她已经驶出了身边的湍流。

辛勤努力的领导之道

在希尔维曼第一次与市长会面之后，她似乎必须在从严执法和提供健康医疗之间做出选择。而迫在眉睫的个人问题则是她应该反对市长的提案，甚至用辞职来表示抗议。不过，她还是比较现实，仍旧忠于她的上司。希尔维曼抛开了这些非此即彼、你死我活的观点，最终找到了一条不仅能保住自己职位、赢得政治资本，并且忠于她的信念和专业判断的途径。

她是怎么做到这一点的呢？最根本的答案是她很大程度上依赖于沉静领导之道的行为和策略。在四个关键方面，希尔维曼遵循了本书中提供的准则——避免用英雄主义但往往徒劳的解决问题的手段，而是通过打好基础，最终达成负责的、可行的妥协来帮助人们。

第一个关键方面是，希尔维曼从最开始就努力做到对整个情况抱着现实和务实的态度。对于摆在她和市长面前的无数的不确定因素、风险性和利益关系，她没有欺骗自己。几乎像所有其他人一样，市长对"新年婴儿"的悲剧非常关注。他看到了一个严峻的问题，希望能够立即找出解决的方法。他同样意识到一场政治危机一触即发，希望能够提前加以化解。市长最初的强硬方案可以安抚媒体、挫败对手、满足公众对于采取措施的要求，甚至可能对解决问题有一定帮助。但是市长把问题想得过于简单，甚至过于呆板了。

相反，希尔维曼的目光并没有简单地停留在新年婴儿事件和"铁拳"方案上。她并没有忽视这个悲剧（没有人会这样做），也没有忽视采取措施的必要性。相反，希尔维曼通过思前想后、全面考虑，弄清了问题的整个来龙去脉。她考虑的不仅仅是眼前的问题，还有更广泛的政策选择和政治反响。

市长就像是一名看到对方有个队员想要射门的足球运动员——他的全部念头就是阻止他。希尔维曼也知道她应该阻止那名对手，但是，像最优秀的运动员一样，希尔维曼同样对场上其他地方存在的威胁和机遇有所准备。当其他人看到一个单独的关键问题时，她看到的却是一个过程，一系列事态的变化，并且意识到了它的模糊不定和变化无常。

沉静型领导者深入钻研问题，而希尔维曼正是这样做的。与市长不同，她由于有着广泛的、第一手的经验，对医生和有毒瘾的孕妇关于一项强制性运动的反应十分清楚。她还知道被逮捕的会是哪些人，而事态会如何发展。这些使她直觉地感到市长正在走上歧途——无论在公共健康政策方面，还是在参加下次竞选方面。

结果，她的洞察力可能把市长从一次愚蠢的政治行为中解救了出来。这为希尔维曼赢得了政治资本，在市长的顾问面前提高了信誉，从而使她得到了制定新政策的领导角色。而且最重要的是，她的广阔视角使她争取到了急需的时间，而不必在职位和信念之间做出选择。现在，她就可以开始寻找解决该市面临的紧迫问题的途径了。

希尔维曼的行为背后的第二个关键方面是她对自己相互冲突的动机持诚实的态度。这些混杂的动机影响了本书迄今为止讨论过的许多沉静型领导者，而对于寻求负责任的妥协方式的人来说，它们是不容忽视的。回想一下，对于米勒引起的指控问题，丽贝卡的感觉如何。在厌恶和忌惮他的同时，她同样明白他应该得到公平的申诉机会。此外，尽管她强烈地希望保住她来之不易的新职位，但有时也觉得或许应该去另找一份工作。拉索对于自己想在什么程度上帮助杰罗姆，他对阿姆斯中心应尽的义务，以及究竟该如何是好的迷惑，态度是诚实的。负责的妥协是以充满勇气的诚实作为开端，而这种诚实通常会揭示一个人内心感受和利益之间的矛盾冲突。

在决定如何解决两难问题的时候，理解这些矛盾冲突是有用的，甚至相当关键。从这些矛盾冲突可以导致偏见和成见的角度讲，人们必须认清它们，如果有可能的话，还应克服它们。例如，希尔维曼当时就意识到反对市长的计划会损害他们之间的关系，妨碍她的事业，这种压力很容易使她倾向于依照市长的方案行事。

更重要的是，这些不同的感受能够反映出某种情况下的分歧和冲突，从这个角度讲，它们能够帮助人们充分而现实地理解他们面对的问题。例如，当希尔维曼开始着手处理问题的时候，她认识到自己对许多吸毒的孕妇没什么好印象。当然，她明白她们在生活中遇到了一些她很难想象的困难，但她同样怀疑她们为什么不想想那些行为会对自己和她们即将出生的孩子产生什么样的影响。这些感觉使希尔维曼理解了为什么强硬的政策会得到这么强烈的支持，也促使她制订出一个计划，从而回应了甚至在某种程度上安抚了这些关切。而她自身的偏见同样表现出她面前的这个问题是多么棘手。对某个难以化解的矛盾反复斟酌并不是件有趣的事情，但直视它的存在无疑可以使人们避免因忽视问题的复杂性而屈从于一个过于简单片面的解决方式。

在希尔维曼的行为中，第三个关键方面是她拒绝把自己的处境视为一个死板的、对或错的选择，或是一个对她基本原则无可回避的考验。沉静型领导者能够看到他们面前的问题中在伦理方面的危机，但他们并不仅仅把他们的处境视为纯粹的伦理问题，而是从其他角度来看待它：对他们的想象力、管理能力和他们从困难甚至暗藏杀机的境地中突围的能力的挑战。

回忆一下，希尔维曼的第一个念头是拒绝加入特别工作组，甚至以辞职来进行抗议。但她认识到这种戏剧性的举动不会起到太大的作用，于是她把注意力和聪明才智转而用到其他途径上面：寻找保护婴儿避免染上毒瘾和确保禁毒法律的严格执行。希尔维曼从来没有忽略她面对的是复杂的伦理问题，但她也没有把她的问题仅仅视为伦理上的选择。幸运的是，她把它看作进行一系列重要而艰巨的工作的机会，而不是采取英雄主义姿态的时机。

这就是为什么希尔维曼像其他沉静型领导者一样，想方设法去争取时间。她设计的妥协方案可不是在刹那间灵机一动想出来的——事实上，由于媒体对新年婴儿的强烈关注和市长承受的政治压力，她最初还对自己的处境多少有点儿绝望。希尔维曼争取来的6个月时间（通过突出强调政治上的危险），使她有可能搜集数据，听取许多群体各自的意见，研究其他城市的经验，找到更多的床位。回想威廉姆斯——那位新任的银行经理，他用各种各样的拖延手段来缓解加在他员工身上的短期收益的压力，希尔维曼和他一样，需要争分夺秒地为她最终的成功奠定基础。

希尔维曼还把时间用在了深入钻研她的问题上，她的做法与泰勒和卡特的异曲同工，泰勒是为了给他的客户安装最新的服务器，而卡特则是为了了解迪兰的计划，以及她会多么毫不留情地实施它。希尔维曼的努力与他们的基本类似，不同之处在于它持续了几个月的时间，而不仅仅是几天或几周。另一个不同的地方是，即使在市长接受她的计划并付诸行动之后，她仍然在钻研她的问题。正如我们所看到的，这种持久的努力意义重大，因为只有这样，希尔维曼才认识到，她和她的下属对吸毒、卖淫和怀孕的恶性循环方面的情况掌握得不够充分，因此对政策做出了相应调整。

像其他沉静型领导者一样，希尔维曼还花费了大量时间去投石问路、审时度势。她试图在复杂的政治局势中寻找一条出路。她必须了解许多不同群体和个人的日程计划。她面对的问题涉及许多一触即发的问题，包括种族、性别、婚外孕、从严执法、所谓的福利文化，以及个人义务等方面的问题。希尔维曼耐心地探索，目的在于慢慢地架起跨越相互斗争的群体之间鸿沟的桥梁。

从这个角度来看，倾听、说服和交涉的方法，和时不时地提醒别人她是代表市长在工作，这些对希尔维曼的成功来说都是不可或缺的。毫无疑问，希尔维曼卷入的是一场道德讨伐运动。但是具有讽刺意味的是，她既没有表现出在道德上的热情，也没有自我牺牲的行为，而且也没有划清界限的举动。相反，她几乎完全是依赖耐心、沉静，有时甚至是精明的手段。

当然，有人会说希尔维曼的事情是个特例。她在一个大城市的政府机关工作——这是一个众所周知、十分复杂和政治化的环境。但是，如果让我们讨论哪一种组织（公司、政府机构、教堂，或是非营利性组织）的政治关系更复杂，这个问题可以被无休止地争论下去，而且不会有定论。事实上，各类组织有着各自不同的政治游戏。在计算机公司工作的泰勒、在医院工作的丽贝卡、在少年收容机构工作的拉索，以及在咨询公司工作的卡特，所有这些人都必须想办法穿越危机四伏的雷区。大张旗鼓的道德讨伐运动对他们中的每一个人来说，都会是一场灾难。

如果不努力工作的话，希尔维曼面前的局势会相当不利。但是，希尔维曼的成功靠的不仅仅是不懈而认真的努力，她打造的妥协方案还依赖于第四个关键方面：对某种情况下的各种基本力量进行重新思考、重新设想和重新构造。

这是所有成功的领导者所共同拥有的一种才能，无论他们的工作是在台前还是幕后。例如，1858年，对于是否应该在美国被称作"自由领土"的地方（后来成为美国的堪萨斯州和内布拉斯加州）推行奴隶制，亚伯拉罕·林肯需要公开自己的立场。主张废奴的人们反对推行奴隶制，而其他很有势力的群体则希望允许在这片土地上实行奴隶制，或者至少让当地的居民自己来做决定。无论是在1858年林肯与道格拉斯的著名辩论中，还是在1860年林肯成功当选为美国总统的选战中，这个争论始终都是焦点。

林肯反对在"自由领土"上实行奴隶制，相信如果禁止奴隶制扩张的话，它最终会走向灭亡。但是由于他对议员席位颇有兴趣，并随后打算入主白宫，林肯不希望失去任何一方的选民。许多美国人和他持有一样的观点,认为奴隶制是不道德的,但是,有更多的人是反对美国黑人在政治上和社会中的平等权利的。林肯被夹在了中间:他不想让人们认为他是一个废奴主义者或奴隶制的支持者。

下面这段话,表达了他的最终立场:

> 举国上下都对以最好的方式利用这些领土非常关心。我们希望它们成为自由白人的家园。如果想要这样的话,大家应该可以理解,就是不能在这片领土上实行奴隶制。贫穷的白人应该从那些实行奴隶制的州搬出来,而不是搬进去。新的自由州才是穷人应该去并在那里过上更好生活的地方。基于这样的用途,我们的国家需要这些领土。[2]

请注意林肯是怎样重新构造整件事情的。他把它从伦理问题上转移开,把它重新定义为一个有关经济机会的问题。他并没有说他反对奴隶制是因为它是邪恶的,而是说因为它是不公平竞争。林肯认为,那些在新领土上开垦农场的白人不应当与用奴隶作为劳动力的大种植园进行竞争。林肯之所以反对在这些领土上实行奴隶制,是为了保护自由白人的经济利益,而这些人的支持正是林肯所需要的。

林肯在关于是否在这片领土推行奴隶制的事情上,回避了意义深远而十分敏感的道德问题。批判这种做法是很容易的，直接去面对这个问题可能是一种戏剧性的对领导勇气的展现，而其结果很可能是给林肯的事业画上句号。林肯将不会成为维护国家统一和发表《解放黑人奴隶宣言》的伟大总统，而只能在史册的脚注中被间接提及。

林肯运用他的想象力和他多年的政治经验，发明了一条把面前的问题重新构造的途径。结果是他既反对了奴隶制的扩张，又为他的立场提出了一条有力的论据。这种立场的确会使他丢掉一定的选票，但是他的论据可能实际上增强了反对奴隶制扩张的力量——通过从经济利益的角度来说服一些人接受他们在道德上不会表示支持的立场。

那些努力地对两难困境进行重新构建和组合的人，有一个非常重要的假设——他们倾向于认为没有任何东西会像它最初看起来那么简单。如果用足够的努力和想象力来处理一个问题的话，它的复杂性会显露出来，而随即其中隐藏的机会也会展现出来。这正是泰勒为了给他的客户安装新的服务器所采取的做法。最开始看上去，似乎他不得不打破规则，然而通过对问题大量深入的钻研，他意识到可以变通规则，把他的客户设为试点单位。拉索使用的是同样的方法——他怀疑与杰罗姆交谈、给他买一顿晚餐是否真的属于自作主张的越权服务行为。

沉静型领导者会避免非此即彼的想法。他们认为大多数问题，无论最初看上去是多么呆板和简单，通常都有不同层次的复杂性。在这些复杂性中，通常蕴涵着许多对问题和局势进行转圜和进行重新调整的机会。

希尔维曼面对的，似乎是在从严执法和帮助孕妇和她们的孩子之间不可避免的选择。在对她的问题进行努力研究、时刻思考和反复斟酌之后，她意识到在一名孕妇去向社会工作者、护士或者医生寻求帮助的那一刻，或许没有执行禁毒法律的必要。从严执法是以后的事情，如果一名妇女没有好好利用医疗机会的话，才有必要采取这种手段。

实际上，市长最初的方案认为，一名吸毒的孕妇与城市各种机构之间的接触是一个单独的关键点。在这一点上，他认为要么从严执法，要么无视法律的存在。但是市长眼中这个单独的决定性的点，在希尔维曼看来却只是一个漫长过程中的一个步骤，而它对提供医疗和从严执法是可以兼容并蓄的。

正确理解希尔维曼用来解决问题的那种创造性是非常重要的。她并没有坐在那里空想，等待脑海中的灵光一现。她当机立断地采取行动，投身于沉静领导之道的工作中去。事实上，如果她不是表现得像一个沉静型领导者的话——通过深切关注问题，谨慎地利用她的政治资本，争取时间，深入研究面前所有的复杂问题，想方设法变通规则，沿着正确的方向投石问路，她很可能不会取得这样的成功。所有这些步骤都直接有助于她取得的成就。一位成功的高尔夫球手曾经说过"我越是努力,越是会有好运气"。在希尔维曼的案例中,她得到的回报是颇有创意重新构造了一个看似无法解决的问题。

反思所罗门王的决定

在本章开始时讲述的所罗门王的故事中有一个中心思想:一位母亲对她孩子怀有深情厚爱。从这个角度来看的话,就会提醒我们,有一些如此深刻和基本的价值观,是永远不应该拿来进行牺牲或妥协的。

然而这个故事还有其他的含义,而它们有力地加强了本章的基本思想。让我们从所罗门王本人的角度来考虑他做出的重大决定。他是当时社会的领袖,人民把幸福和安康寄托在他身上,而且对他的英明睿智和明断是非十分尊敬——但他却无从断定谁是孩子的母亲,而他一旦出错,就会永远破坏一个家庭。看来命中注定他只能用掷硬币的办法来做出这个重大决定了。所罗门王本可以凭借他的统治在事实和法律上的无可置疑来掩盖自己的无措,但他更想知道真相。再者说,如果他蒙混过关,其他人可能会怀疑或看穿他的做法,从而损害他的权威性和审判制度。

幸运的是,所罗门王并没有靠着显示司法或国王的权威来掩饰自己，也没有引经据典，依靠一些法律术语来做出判决，他对自己的处境、责任和无知非常诚实，没有把这件事看作一个直截了当、非此即彼的选择，而是深入思考这个问题，穿过法律和事实的范畴，挖掘到情感和心理的深处。他运用自己的聪明才智，找到了一个很有创意的办法，重新构造了整个局面。他停止了法律上的程序，提议了一个恐吓性的心理测试。结果，一个妇女显露出了她的残酷和冷漠，而另一个则流露出了她的爱和无私。看似无法破解的死结迎刃而解，正确的决定水落石出，而所罗门王的智慧和权威与王国的审判制度显然没有谁会怀疑。

现实的智慧、诚实的品质和深入钻研问题的努力并不是一支万能的魔法棒。有的时候，在面对与出卖无异的妥协时，沉静型领导者的立场是坚定而鲜明的，他们会说出自己的想法，阐明一个似乎不受欢迎的立场，或者甚至宣布退出或进行举报；在其他情况下，他们意识到最好的现实选择是达成协议、做出让步，在这种情况下，他们会为了某个更伟大的原因而在一定程度上牺牲一些原则，而他们对此不无遗憾。

但是，沉静型领导者把这两条路都看成万般无奈的选择。在他们划地为界或者简单折中之前，沉静型领导者会在二者择其一的两难选择中寻觅罅缝、空隙和转圜空间。他们会在事态的发展中寻找机会。他们会争取时间，明智地利用他们的政治资本进行投资。总之，他们会遵循前面章节中讨论过的大多数或者全部的准则，来达成妥协，表达和捍卫他们珍视的价值观。如果他们成功了，他们就达到了领导之道的最高境界。

| 第 9 章 |

LEADING QUIETLY

三种沉静型美德

在某种程度上,沉静领导之道,可以看作一套工具,看作一些有效策略的集合。但这也带来了一个很大的危险。如果这些工具落到坏人的手里,那会发生什么样的事情?这就好比,你携带了一卷管道胶带、一个剃须刀片、一根撬棍,这并没什么不对,但是把它们用在撬门别锁、入室偷窃上确实非常趁手,警察也常常会指控一些盗贼持有"盗窃工具"。当然,那些工具本身并不是问题,问题出在使用它们的坏人身上。

本书中讨论到的所有工具都有被滥用的可能。把世界看作一个复杂不定之所,可以被当作不用心思考重大问题的借口;变通规则可能成为逃避责任时的遁词;争取时间和深入钻研则可能演化成拖沓和懦弱;某些让步妥协出卖了基本的原则；而一些人太过谨慎地使用他们的政治资本，太过缓慢地推进，到头来他们基本上一事无成。

然而我们在本书中讨论研究的这些主人公，没有一个堕入了这样的陷阱。他们在使用这些工具的时候，既尽职尽责，又卓有成效。他们改变了他人的生活，并且为他人树立了良好的榜样。在所有这些案例中，那些工具都得到了应用，而且是很好的应用。

是什么使他们做到了这一点？如果我们从性格人品而不是手段策略的角度观察沉静领导之道，答案就显而易见了——换句话说，我们应该透过沉静型领导者做了什么事，来观察他们是什么人。

从某种意义上讲，我们已经做到了这一点。我们讨论过的这些人身处各种各样的组织——企业、政府、军队以及社区服务机构。他们基本上属于组织的中层，而不是高层领导者。从个人角度而言，他们与所有其他人一样有着相似的希望、恐惧、野心和缺点。他们都希望能够过着诚实正直的生活，但并不渴求成为圣徒；他们都希望事业有所成就，但并不打算为了做正确的事情牺牲他们的生计；他们都会成为很好的邻居、朋友、父母，而不会表现得鹤立鸡群。

然而他们身上的确有着与众不同的地方，这主要是他们的性格而不是他们采取的手段。这些人非常依赖于三种不怎么起眼的美德：克制、谦逊和执着。每一种美德都是一种思维和行动上的习惯，都能帮助沉静型领导者尽职尽责而卓有成效地使用手中的工具。

请注意，这些都是沉静的、日常的美德。没有一个会很容易地跟英雄主义领导之道联系起来。这里没有提到什么大无畏的勇气、超凡魅力的领袖人格、心甘情愿牺牲一切的自觉、高尚的热情，或是对某种事业毫不动摇的献身精神。相反，克制、谦逊和执着这些美德看上去都太过寻常了。但是事实上，这正是它们的价值所在。它们是人们可以做到的美德，是人们思考和行动时熟悉的、自然的、合理的方法。最终的结果是，几乎任何人都可以实践和培养沉静领导之道的简单美德。它们可并不仅仅是特殊人物才能拥有的，也不是只有在非常事件中才能运用的。

克制

领导者常常会发现，在某些情况下，他们的本能反应是坚持真理。例如，当某个上司、某个同事，或者某个顾客做了违法的、残酷的、愚蠢的事情的时候，他们自然的反应是脱口而出："这是不对的，你不能这样做。"

在听到对米勒的指控时，丽贝卡的反应基本如此——她想当即就把他开除。卡特可能更愿意闯进那位高级合伙人的办公室，告诉他迪兰滥用职权的事情。当威利的上司阻止她参加一次会议，理由是她是个"女性非合伙人"的时候，她勃然大怒。希尔维曼有一种冲动，想告诉市长他关押那些吸毒的孕妇的计划是鲁莽而不负责任的。

但是这些人没有一个说出了他们真正的想法。他们知道立即泄露出自己的想法和情绪，大多数时候无异于在战争中为了拯救一个村庄而去轰炸它的做法。沉静型领导者并不打算压抑他们的感觉，但他们的确希望能够尽可能有效地对其进行控制和引导。他们认识到，用强硬的态度坚持原则可能是最简单的解决方法，但也很可能使情况变糟，因此他们选择了克制。当人们走上歧途的时候，急速前行会是一个极大的错误。

然而，克制绝不仅仅只是帮助人们避免出错。在大多数情况下，没有高度的耐心和自律就很难有沉静领导之道。停顿和等待给人们时间去学习掌握，去发现分歧，去钻研复杂的问题，从正确的方向去接近事物。它们使人们沉静地倾听直觉和良心的声音，而这声音是极易被急迫的要求和强烈的情绪淹没的。

克制往往是寻求以创造性的方式解决难题的先决条件。它使人们有时间充分考虑问题，甚至为它们全神贯注、夜不能寐（而不只是运用头脑中一小部分的分析能力），去努力思索事情的真相和能够做的事情。解决难题的创造性方法不会在管理者的头脑中像花朵一样自然盛开，它们往往是经过一段长期努力的结果，需要人们去理解、计划，对一系列不断演变发展的、经常出现不测的事件加以利用。

让我们回忆一下泰勒的故事，这位销售代表想要给他的客户安装一台新的服务器，然而阻挡他去路的是一些不可思议的、独断专行的公司规章。泰勒本可以轻易地采取捷径，绕开它们，全速前进，但他并没有这样做。相反，他争取了一点时间，再三地研究他的处境，最终意识到通过让他的客户被批准为试点单位，就可以在遵守游戏规则的前提下卖给他们两台新服务器。

沉静型领导者进行克制，并不是为了作壁上观。他们也不会花费时间去寻找灵丹妙药来迅速解决问题。他们知道领导之道是一个漫长的进程，而不是一个简单的、戏剧化的事件。因此，当沉静型领导者得到一点额外时间的时候，他们会努力地从中挤出所能得到的一切。他们的克制是积极的、警觉的，而且往往是有创造性的。

克制看上去好像是很容易的脱身之道，但比起脱口而出当时看似明显的正确答案，它往往是一条更加艰难的道路。例如，有一位高级经理发现很难做到克制，于是有时会在会议上把一根手指放在嘴唇中间。这听起来有点笨拙，但它的确管用。而它之所以会管用，是因为克制和沉着冷静的美德，和任何其他美德一样，基本上属于一种习惯，而且只有通过实践才能养成。

这里要教给大家的其实是老生常谈。就我们所知，亚里士多德相信对于负责任的行为来说，谨慎和自制是两个核心的美德。它们都包括平衡、耐心和克制。亚里士多德同样相信的是，学习这些美德既容易又困难。基本上需要日复一日地进行实践练习，直到它们变成习惯和本能。换句话说，重要的美德是反复的、细微的努力累积起来的成果。那位把手指放在自己嘴唇中间的高级经理可能看上去很怪异，但亚里士多德一定会理解和赞同他的行为。

沉静型领导者并不认为在人生的课堂中，最早举手回答问题的学生就是最聪明的。他们相信自己的直觉，但他们同时想要区分正确的直觉和强烈的冲动。即使在他们认为有些事情显然是错误或者失误的时候，他们也尽可能地试着停下来，环顾四周、聆听、了解。强烈的反应，有时是瞬间的顿悟，有时却是一种偏见或者误解；而靠着耐心和克制的习惯，人们可以得到更充分的时间来对这二者加以区别。

谦逊

沉静型领导者并不倾向于认为他们在"改变世界"——那听起来有点过于伟大了，他们的目的只是尽自己的本分而已。而这并不是故作谦虚，如果是的话，以色列前任总理梅厄夫人（Golda Meir）的那句话（"不要这样谦卑，你没有那么伟大"），就真的适用于他们了。正如我们所看到的，沉静型领导者是现实主义者，不会夸大他们努力的重要性，也不会夸大他们成功的可能性。事实上，这就是为什么他们会争取时间、深入钻研问题，并且循序渐进地推进。对于他们知道的东西和他们在整个系统中扮演的角色，他们的态度是谦逊的。有一位沉静型领导者这样说："看，我所努力做的一切，不过是在沙滩上留下一个足迹罢了。"

这个句子值得我们多做片刻的思考。从某种程度上讲，它说明许多种力量，正如沙滩上的潮水和海风，决定了生活中和组织中各种事情的最后结局。回忆一下，举例来说，拉索多么努力地试图让杰罗姆留在地铁上，并把他带回收容所，但是由于恐惧、着魔，或者可能是在夜晚的诱惑下，那个男孩还是离开了。柯特兹在他有限的影响力范围内，努力地阻止不正确的指令，但他没办法结束公司手段可疑的销售战——只有政府的压力才能做到这一点。卡特在制止迪兰的事情上出了力，但合伙人政治关系的构造同样功不可没。事情最终的结果往往是许多力量共同作用而成的。

这是许多领导者，无论是沉静型的还是英雄式的，都理解的事情。伟人们的传记中常常会描写到耐心的、沉静的、坚决的，而且往往是备受挫折的长期奋斗。然后，一些相关力量的集合把他们带到了事件的中心。在人生即将结束的时候，亚伯拉罕·林肯说："我得说自己没有控制事件，而且，我得坦然地承认，是事件控制了我。"在被问到如何在第二次世界大战时期成为英雄的时候，约翰·肯尼迪说道："我别无选择，他们撞沉了我的舰艇。"⊖法国著名散文家蒙田，也是一位对日常生活和伟大事件目光犀利深刻的观察者，他曾写道："光荣走向我们，完全是偶然发生的，完全依赖光荣本身的反复无常。"

由于个人的努力往往只是局势中的一个因素，即使在小事上取得进展也常常需要人们去奋斗。本书中所有的领导者都努力地实现自己的目标，但他们的技巧、决心、才智和运气都不能作为成功的保证。泰勒可能用几周的时间来"观察他的鱼"，却无法从他的公司关于安装新服务器的制度中找出一点儿松动的余地；希尔维曼的想象力和奉献精神可能无法构建警方、医生、社会工作者和孕妇之间的桥梁。因为谦逊，沉静型领导者并不指望胜利唾手可得。

事实上，他们对"成功"和"胜利"的概念是表示怀疑的。沉静型领导者认识到，许多值得去做的事情就像在沙滩上留下足迹一样，既不伟大，也难持久。他们很清楚地知道，

⊖ 1943年，26岁的约翰·肯尼迪，时任美国海军PT-109号巡逻艇的艇长，在执行巡逻任务时该艇被日本驱逐舰撞得粉碎。船员跳入火光冲天的海面，靠一块舰艇的残骸，漂流了16英里（约26千米）之后爬上了一座小岛。在漂流中，肯尼迪救助了一名受伤的战友，他用牙咬着战友救生衣上的带子划水游上了那座小岛。这次经历虽然是肯尼迪第一次参加战斗，但是他的英勇行为为他赢得了英雄荣誉，也为他后来的政治生涯铺平了道路。——译者注

最周密的计划也并非无懈可击。希尔维曼通过长期而辛勤的工作来精心构造一个妥协的解决方案,但她知道下一任市长或者再来一桩丑闻都可以让她的一切成果化为乌有。几年以后,希尔维曼说:"我仍然因为这整桩事情而苦恼不堪,在那些吸毒的妇女仍旧生下许多孩子的情况下,我不知道该如何给'成功'下定义。或许'成功'这个词是错的。"

悲观主义者可能会问,她如此努力却得到如此不起眼的成就是否值得。而其他那些对于在困境中真正能够实现的目标持现实主义态度的人,则会由衷地钦佩她的决心、策略和想象力。她是坚持不懈的,尽管她知道自己的成就会是多么脆弱。没有什么东西能够永恒,但是那些小事(对一些孕妇伸出援手,而她们也许会接受,也许不会接受),还是很有意义的,而且有时意义重大。

许多领导者对于他们能做到什么是非常谦逊的。他们知道他们的意愿、理想和能力只是决定事态发展的若干力量中的一小部分。跟我们一样,他们也听说过真正的领导者纵观全局,追求一些激动人心的梦想,而不会陷入日复一日的琐事。这听起来很不错,但是想象和预测几步以外会发生什么事情往往并不容易。由于谦逊的缘故,沉静型领导者认定人物和事件都比最开始看上去的要复杂得多,这就是为什么他们会争取时间、钻研问题、逐渐推进。沉静型领导者倾向于用一种非常实际的、着眼当下的方式来迎接挑战。正如英国散文家托马斯·卡莱尔[1]所说:"我们应专注眼前的工作,不要只顾远眺模糊的未来。"

执着

不顾恐惧和危险做正确的事情,这种勇气是容易受人敬佩的,但是执着[2]似乎就有些让人费解了。过于执着的人可能会招人厌烦,而我们常常会驳斥他们,说他们走火入魔或是该换个活法。在马修斯的案例中,她的军士长实在无法理解她为什么不能接受那么出色的检查结果所带来的荣誉。而且,马修斯甚至没有把这个问题告诉同是陆军军官的丈夫,因为她认为他不会理解为什么她对这次检查感到如此不安。

执着看似是一种特殊的、怪异的品性,但这是一种误解。的确,一个人在道德上应尽的责任往往对另一个人来说只是非常小的偏好而已。有些人努力地为拯救鲸鱼而奋斗,而其他人,尽管在道德水准上并不比他们差,却对此并不关心。

---

[1] 托马斯·卡莱尔(Thomas Carlyle,1795—1881),英国散文家、历史学家。生于苏格兰农民家庭,早年深受加尔文教派宗教思想的影响,反对教会的烦琐教义。著有《法国革命》《过去与现在》《奥利弗·克伦威尔书信演说集》和《普鲁士腓特烈大帝史》等书。成名后到各地演讲,部分讲稿于1841年以《论英雄、英雄崇拜和历史上的英雄事迹》为题出版。——译者注

[2] 在原文中,作者用的"tenacity"一词也有"固执"的含义,因此作者会用"怪异""走火入魔"等词来形容。但着眼整体,我仍选择译为"执着"。——译者注

然而，这种差异并不是随机的，反映的是个别人持久的价值观、信仰和注重的东西，而这些东西反映的则是人们的生活和经历。人们真正关心的东西之间的差异很少是随机的或者突兀的，它们是个人化的、根深蒂固的，而且能够告诉我们一个人究竟是什么样子的。

本书中所研究的所有领导者都发现有一些问题、决定或事情惹恼了他们。他们觉得自己必须对它们做一些什么，因为它们非常强烈地、非常个人化地影响了他们。威廉姆斯衷心希望能够帮助凯瑟琳，因为她和他的母亲一样身患癌症。泰勒或许可以自行其是，伪造一些关于"新新"服务器的文件，但他决定努力寻求其他途径，因为他仍旧对他母亲曾经用于操纵他的谎言记忆犹新。他们中没有一个是因为仅仅认为有些事情不对而决定介入和采取行动的——他们同样感觉到那些事情是不对的。他们采取行动不是因为他们认为应该这样，而是感觉到自己别无选择。

这些道德上的、感情上的、个人化的紧迫感解释了他们的执着，以及他们大多数的成就。那句常见的建议"选择你要打的仗"，可以用两种方式来解释。通常的解释是当心你所要面临的挑战，而另一种解释则是选择"你的"挑战——选择那些你确实非常关心的，那些你希望为之奋斗到底的。

执着是重要的，因为沉静型领导者常常会面对艰难的战斗，而在战斗中他们的力量相对薄弱。他们往往会觉得自己更像是小虫子而不是挡风玻璃。在大多数情况下，他们是独来独往的、被人孤立的，而且必须通过长期而艰苦的努力才能得到他们认为重要的东西。总之，他们的奋斗更像是一场长期的游击战争，而不是一次光荣的骑兵冲锋。这种前景会使一些人知难而退或是半途而废，但无法阻拦沉静型领导者。就像我们看到的一样，他们之所以行动是因为他们在乎，而他们之所以在乎则是由于强烈的动机（有些是利他的，有些则是利己的）在促使他们前行。卡特很容易放弃他在阻止迪兰滥用职权行为上的悄悄的努力，但他没有这样做，因为他对随波逐流的做法实在是反感。

我们看到了一些沉静型领导者之所以取得成功，是因为他们找到了变通规则的途径，而不是打破它们。其他人则通过妥协的手段，在敌视的、疏远的群体之间架起了桥梁。这些不仅仅是认识到什么是正确的事情，然后付诸行动的做法。在这些行动开始的时候，正确的事情还并不存在。它需要孕育、创造，慢慢地通过长期、艰苦而执着的努力来构建。

事实上，在伦理上和实际上的创造力都非常关键的情况下，执着的重要性是令人吃惊的：它的重要性在于它与克制和谦逊的美德相辅相成。克制与谦逊是刹车系统，而只装了刹车系统的车是不会跑得太远的。反过来，执着是一个加速器，但是只有加速器的车是危险的。克制、谦逊和执着这三种品质，对每一种都需要高超的驾驭能力，而沉静型领导者之所以会成功，则是因为他们做到了所有这一切。

沉静型领导者在这样做的时候，大抵是遵循前面章节中描述的方式。他们灵活，注重实效，而且往往是乐观的。他们领悟到了法国的古老谚语"'更好'是'好'的敌人"中所包含的智慧，而且他们把注意力集中在了按理性分析来说能够实现的东西上，而不是理想化的东西上。沉静型领导者不会在他们知道多少和真正理解多少的问题上欺骗自己。他们要确保自己的动机足够强烈，能够使他们克服困难。沉静型领导者争取时间和深入钻研问题在政治上和技术上的因素，明智地用他们的政治资本进行投资。他们投石问路、审时度势、轻推渐进，在必要的时候想方设法去变通规则。他们把妥协视作领导艺术和创造力的很高境界。

这种领导之道实在是很容易被误解。它并不刺激，也不令人兴奋，没法为电视剧提供故事情节。对有些人来说，它看上去过于谨慎、过于节制、过于保守。沉静领导之道并没有在历史上留下鲜明的印记，也没有像英雄主义领导者一样，给我们展示人类灵魂能够达到的无私境界。

沉静型领导者是在另外的跑道上努力。我们看到过他们帮助一些母亲和婴儿得到更好的健康保障，迫使一名欺凌弱者的医院管理人员辞掉了他的工作，防止一些医生不正当地使用药品，让一位将军注意到一些虚假的检查，制止了一个咨询顾问公司的合伙人滥用职权，使几名银行员工保住了他们的工作和自尊心。这些努力是不可能载入史册或是登上报纸头条的，但它们都意义重大，每一个都证明了沉静型领导者是如何使这个世界变得更美好的——日复一日地，通过无数细微的、常常不为人知的努力。

| 附 录 |
LEADING QUIETLY

释本溯源

这是一本随笔性的书。它并没有详细阐述一种理论,没有设定假设并进行验证,或者提出确证性的严密论据。本书的出发点,意在提出问题,启发反思,在耳熟能详的理论之外,从一个别样的角度,讨论领导之道与做正确的事情。本书也以行动指南的形式,提供了一些实践中可操作的建议。

沉静领导之道理念的逐步发展

我开始思考沉静领导之道,应该是源于讲授一门与众不同的MBA课程。这门课程的主题并没有什么特别——组织中的道德领导。不过,我们改变了常见的阅读企业管理案例并分析讨论的做法,取而代之的是,学生们阅读并讨论一些文学作品。这些作品中，有经典名著，像《麦克白》㊀《安提歌尼》㊁和《君主论》；还有一些是现当代文学作品，例如，《推销员之死》㊂《生命中不可承受之重》㊃以及《长日将尽》㊄。

在这些作品中，有相当多的比较定型的模式，但是其中有两种定式，总是让我格外关注。定式之一，几乎在每个情形里，那些发誓要成为伟大人物的角色，总是以失望或者痛苦告终。他们的生活中，总是伤害多于愉快，一些人甚至以自杀了结。例如，《推销员之死》一剧中的威利·罗曼（Willy Loman），雄心勃勃地想成为最伟大的推销员，并想让他的儿子变成"人中龙凤"。在这部名剧的结尾，寄希望于用高额的保险赔偿金使他两个儿子中的一个能够实现他的人生美梦，威利·罗曼自杀了。

而这些作品中的定式之二，则牵涉了一些次要角色——

㊀ *Macbeth*，莎士比亚四大悲剧之一，也译作《马克白斯》《马克白辛》《马克白》等。——译者注

㊁ *Antigone*，索福克勒斯（Sophocles，约公元前496—公元前406）的名剧，也译作《安提岗妮》《安提戈涅》等。——译者注

㊂ *Death of a Salesman*，美国作家阿瑟·米勒的名剧。——译者注

㊃ *Things Fall Apart*，尼日利亚作家奇努亚·阿切贝（Chinua Achebe）的小说，也译作《瓦解》。——译者注

㊄ *The Remains of the Day*，生于日本的石黑一雄（Kazuo Ishiguro，1954—）用英语写的小说，曾获英国布克奖，也译作《长日彌光》《去日留痕》《告别有情天》等。——译者注

配角。也几乎是在每个情形里，这些男人或者女人总是谦逊的，他们的雄心恰如其分，他们的努力谨慎而敏感。威利·罗曼的妻子琳达①，在该剧的结尾，当威利的精神面临崩溃的时候，尽心尽力试图去保护他，安慰他。威利的邻居查理不仅给他提供了道义上的支持，还给他钱和一份工作。不论是琳达还是查理，都从未热切地渴望多么伟大，而他们只是朴素地努力尽自己的本分。

学生们觉得第一种定式很让他们困惑不安。课程上到中间，有些学生必然就会把下面这个问题提出来——究竟什么时候我们才能读到一本不是以悲剧结尾的书呢？我通常会回答说："严肃的文学作品，经常会注视像伊卡洛斯②那样渴望取得非凡成就，最终却以悲剧收场的核心角色。"不过，我也建议学生仔细留意书中的那些次要角色，从中发掘负责的、周到的、成功的领导典范。

到了课程快结束的时候，很多学生已经能够明确区分我在本书中所谈到的这两类不同的领导之道了——一类是英雄式领导，另一类则是沉静领导。不过，这种区别只是粗略大致的和尝试性的，它并不能适用于所有的文献或全部的生活。

---

① 旧译"林达"。——译者注
② Icarus，希腊神话中的悲剧飞天人物。希腊神话传说：伟大的艺术家、雕刻家代达罗斯给儿子伊卡洛斯做了羽毛和蜡制的双翼，伊卡洛斯便飞翔起来；但在飞近太阳的时候，蜡遇热融化，伊卡洛斯坠地而死。——译者注

然而，这确实让我们开始思考，把领导之道的根基主要建筑在英雄人物的模式之上，对于我们看待这个世界并推动其进步，反而可能是一种片面局限的、容易误导的甚至危险的方式。

在教过这门课程之后，我发现我自己在课堂之外也越来越多地应用这种区分。我还发现用一边倒的、英雄主义的视角来看待领导之道是非常普遍的现象。我在课程中用到的很多关于战略、一般管理或商业伦理方面的案例，都把焦点集中到组织里个别的"头面"人物所做出的极少数关键性决策上。结果，这些组织中其他人的努力就化为无形，无人关注。简而言之，"英雄伟人创造历史"的理论确实很活跃，在MBA课堂中亦然。

而且，当我放眼四顾时，也看到了完全同样的思维定式。在学校里，我们学习像马丁·路德·金博士和特蕾莎修女那样的伟人，他们把自己的生命献给了高尚的事业。到了公共假期⊖，我们就会想起那些为他们的祖国而战斗、牺牲的爱国者和战士。在教堂和庙宇里，我们会听到对那些为了信仰而献出生命的人的颂扬。当然，还有好莱坞，提供给我们那种掺了水的、虚构的英雄主义——靠着它不计其数的、无休无止的电影，里头的勇士不是跟暴徒、外国间谍作战，就是与

⊖ 在美国，有很多纪念性的公共假期，如马丁·路德·金纪念日、老兵节、哥伦布日、爱国者节等。——译者注

贪得无厌的企业、欺诈狡猾的政客为敌，还有，对付宇宙中的外星人。

显而易见，英雄主义的领导观，打动着我们内心深处的一些东西。确实，我们的世界倘若没有伟大英雄的努力和牺牲，肯定会变得贫乏而荒芜得多。但是，这种思考方法，又把芸芸众生放在了什么位置上呢？正是这个问题，启发和激励我写了这本书。我的目标就是要了解、描述那种更为沉静、更为平常的领导之道。

为了达到这个目标，我从学习和研究持各种观点的领导理论的书和文章开始做起，浏览了大量的领导学方面的学术文献中的一小部分，并仔细地推敲研究其中的几本，后来证明那是特别有帮助的几本。詹姆斯·麦格雷戈·伯恩斯（James MacGregor Burns）在其经典著作《领袖》（*Leadership*）㊀中，对不同种类的领导风格进行的讨论，我非常赞成，仅有少许保留意见，尽管这本书倾向于把强调追随者的价值和特质的"转换型领导"㊁概念作为它的理论基石。另外一本很有价值的著作是切斯特·巴纳德（Chester Barnard）的《经理人员的职能》（*The Functions of the Executive*），这本书曾被再版过 40 多次，并已成为管理文献方面的经典。巴纳德强调，大量重要的工作往往是借由管理

㊀ 1978 年 Harper & Row 出版。——译者注
㊁ Transformational Leadership，也译作转型领导。——译者注

"非正式的组织"来完成的，而并不是靠做多么高投入的战略决策。同时，我还从约翰·科特（John Kotter）的两本书里学到了很多，《总经理》（The General Managers）和《领导力要素》㊀（The Leadership Factor），这两本书都描述了成功的管理者如何运用非正式网络，以及领导力这个要素在何种程度上关乎现代组织各个层次的成败。

在为本书寻找参考性、启发性思想的过程中，把视线从正统规范的企业领导文献中移开，也很有好处。有一本颇有价值的书，是弗瑞德·I. 格林斯坦（Fred I. Greenstein）写的《幕后总统》（The Hidden-hand Presidency）。这本书称赞了艾森豪威尔总统㊁在领导国家上所表现出来的相当机敏、置身幕后的领导之道——在有些事件的处理上他被媒体指责为疏忽职守，而事实上，他一直是在不动声色地领导着。

因为我在道德哲学上的背景和兴趣，我也一直努力地在寻找哲学方法与本书主题的联结。然而，除了亚里士多德以外，好像就没有什么道德哲学家，至少按传统定义而言，能够给这项研究工作以更多的指导。也许，在他们对根本真理、普遍价值的追求中，伟大的哲学家的目光，可能已经远远地

㊀ 中文媒体采访科特时曾误将此书名译为《领导的条件》，其实是不准确的。本书中，科特论证了美国公司在竞争中因为缺乏"领导力"这个要素而失败，并阐述了"领导力"对于现代企业经营的重要性。——译者注

㊁ 德怀特·艾森豪威尔（1890—1969），美国第34任总统（1953—1961），陆军五星上将。——译者注

高于或者直接脱离开这被他们看作太过平凡的日常生活了。

然而幸运的是,许多文学作品都在这方面给予了无价的指导作用。这些作品出自那些没有什么理论感觉的人,更准确地说,是出自那些对道德生活有着敏锐体察的人,他们留意到了日常生活体验中常有的困惑和细碎的片段。

这当中有一位作家是塞缪尔·约翰逊(Samuel Johnson),18世纪英国散文家、诗人和学者。他生活中的信念、观察和沉思,体现在他大部分的作品中,我特别钟情于他的随笔《漫步者》和《懒惰者》,他的长篇寓言《拉塞拉斯》,他非常出色的诗《人类愿望的虚妄》(*The Vanity of Human Wishes*),以及后来沃尔特·杰克森·贝特(Walter Jackson Bate)所写的精彩传记《塞缪尔·约翰逊》。另外一部作品是《蒙田散文》,作者米歇尔·德·蒙田是16世纪法国著名散文家,雨果·弗里德里希(Hugo Friedrich)对蒙田观点的研究对我也很有启发。第三部作品是《道德箴言录》(*Maxims*),这是17世纪法国作家德·拉罗什福科公爵的作品。有一点我应该说明,这些作品我在这些年里已经读了又读,十之八九,是它们指引着我研究起平凡生活中的道德努力。

最后一个要列出的在文学方面影响这项研究的,是列夫·托尔斯泰的《战争与和平》。正如它的小说标题所表达出来的那样,这部巨著触及了生活的几乎所有方面,而且它"实际上"已经提供了沉静领导之道的理论。列夫·托尔斯泰所坚持的一种观点是：那些所谓的伟大领袖其实都是比较大的历史力量的产物，而这决定性的历史力量可能是那些伟大领袖既不能洞悉也不可能影响的；与此同时，那些普普通通的个人，处理着日常的琐事，逐渐地积累着，塑造了这个世界的面貌。在《战争与和平》一书中，托尔斯泰通过把拿破仑这个才华横溢却命定悲剧的英雄与那些谦逊的、有分寸的普通人进行对比，来表达他的这种观点。为了了解托尔斯泰的观点，我借助了小说本身和有关托尔斯泰及他的作品的很多经典散文，特别是以赛亚·伯林[1]的《刺猬与狐狸》。

案例研究

要写一本关于沉静领导之道的书，第一种方法是把这些观点综合到一个广阔的哲学或理论框架中去。不过，我想写一些更能立刻见效、更直接有用的东西。因此，第二种方法，也就是我采用的研究沉静领导之道的方法，是研究真实的相关案例。我搜集整理并系统分析了大约150个关于沉静领导之道的案例。

这些案例有四个来源。有一些是从我自己的个人经验中提炼出来的——我观察到的第一手资料或是做咨询顾问工作获得的经历。另外一些案例，则是来自为了其他目的而准备的材料。这里头包括了我曾为"商业伦理"和"一般管理"课程而写的案例，还有前几年我为了写书、写文章所做的研究。

还有一些案例来自一个有点令人惊讶的来源：我先前提到过的小说作品。我用各种不同的方式深入地发掘那些次要角色如何生活，如何寻找务实的、负责任的方式去处理非常严肃的问题。

最后一个也是最大的一个案例来源，是我作为大学教授的工作。在我为那些高层管理人员讲授的有关商业伦理的各类主题的课程中，我听到了（从未被公开的）非常大量的让人为难的伦理问题。此外，在过去十年里，我读了上千篇工商管理硕士（MBA）学生写的描述伦理问题和两难选择的论文。尽管这些文章中的大部分都不直接涉及这一主题，但大约有10%是在他们在二十八九岁或三十岁出头时写的，那时他们已经进入到组织中的中层管理岗位，面对一些严肃的管理职责。有一些是描写他们曾做过的决策的情形，还有一些则是描写他们近距离深入观察到的情形。

我首先对这些案例进行分析，把它们分为三类：沉静领导之道的成功范例、沉静领导之道的失败案例以及模棱两可难以界定的案例。然后我重新审视每一页纸，并记录下了对一系列问题的回答。

对于成功的案例，我会问：

（1）在这种情形中，什么能够体现出沉静领导之道的特点？

（2）凭借着什么样的标准，说这是成功的？

（3）为什么在这种情形中，沉静领导之道是很重要的？

（4）什么对成功的结果有贡献？

（5）在这种情况下，什么特性、价值观和态度能刻画出领导者的特征？

对于失败的案例，我记录了对于以下这些问题的答案：

（1）凭借着什么样的标准，说这是失败的？

（2）在每个案例里，沉静领导之道为什么关键？

（3）是什么因素导致了失败？

（4）在这种情况下，什么特性、价值观和态度能刻画出领导者的特征？

最后，对于混合的或难以界定的案例，我会问：

（1）怎样发展，这就会是一个成功的故事？怎样发展，这就会是失败的？

（2）在这个案例中，沉静领导之道多大程度上得到了体现？

（3）什么因素导致了这种混合的状况？

（4）在这种情形中，什么特性、价值观和态度能刻画出领导者的特征？

很显然，自始至终，在这项练习中包含了大量的判断。而且，当我完整审视这些案例研究的时候，我对沉静领导之道的定义、成功、失败，以及其他主要术语，都在不断地发展，所以，我又不得不转回头去，重新检验早先的判断。但我的目的并不是要创造一个科学样本并引出严格的结论，而只是希望寻找出一些模式。最终，这些模式开始浮出水面。

举例来说，我在案例研究中发现很多个人都认为他们的环境是不确定的和危险的。我发现很少有个人乐意拿他们的事业和声誉冒险。我看到了极其大量的谨慎思考和对所有可能的选择的权衡。我还看到很多人因为发现他们的期望与真正发生的现实是多么的不同，而感到非常惊讶。最终，在经过我在这方面大量的思考、筛选、解释和重新解释后，这些模式终于接合成了本书中的这些章节和主调。

一旦这种模式看起来比较清楚了，我就开始写草稿。每一章，我都选一个看起来能够很好地阐明它的中心思想的案例研究。事实上，本书中所有的案例都基于真实事件，或者，至少是报告给我的真实事件，不过，为了保护当事公司和个人的秘密，我已经对它们进行了技术处理。

最后，从案例研究和我阅读的各类书籍中得出来的，只是一篇简单的随笔。它描绘并阐明了一种关于领导之道的思考方式，并且为把这种思考方式应用到实际行动中提供了指南。我所写的所有"事实"都是为了让读者以他们的亲身经验为基础来判断的，本书中的观点是否帮助他们认识并了解了就在他们身边的沉静型领导者了呢？这些指南是不是可以作为有用途径，帮助他们找到务实负责任的领导之道，去迎接艰难而又时常遇到的挑战呢？

注 释

导 言

1. T. S. Eliot, "The Hollow Men," in *The Complete Poems and Plays, 1909–1950* (New York: Harcourt Brace Jovanovich, 1980), 56–59.

2. Albert Schweitzer, *Out of My Life and Thought* (New York: New American Library, 1963), 74.

3. This quotation and biographical information on Bruce Barton can be found at <http://www.ciadvertising.org/student_account/spring_01/adv382j/suz/intro.htm>, June 12, 2001.

第 1 章

1. Fred I. Greenstein, *The Hidden-Hand Presidency* (Baltimore, MD: Johns Hopkins University Press, 1994), 64.

2. Nicolo Machiavelli, *The Prince* (London: Penguin Books, 1981), 130.

3. Walter Jackson Bate, *Samuel Johnson* (New York: Harcourt Brace Jovanovich, 1977), 281.

第 2 章

1. Abraham Cohen, *Everyman's Talmud* (New York: Schocken, 1949), 184.

2. This phrase appears in Steven Pinker, *How the Mind Works* (New York: Norton, 1997), 58.

3. Duc de La Rochefoucauld, *Maxims* (Brookline, MA: Branden Press, 1982), 58.

4. Chester A. Barnard, *The Functions of the Executive* (Cambridge, MA: Harvard University Press, 1968), 21.

5. James used "cash value" as a metaphor. He was not referring to the financial value of ideas or even the possibility of quantifying them, but to the differences they made in the actual experience of the people they affected. See William James, *Pragmatism* (Buffalo, NY: Prometheus Books, 1991), 26–38.

第 4 章

1. Douglas Coupland, *Generation X: Tales for an Accelerated Culture* (New York: St. Martin's Press, 1992), 21.
2. Dave Barry, *Dave Barry Turns 50* (New York: Crown Publishing Company, 1998), 182.

第 5 章

1. Personal communication, Daniel Callahan, Director of International Programs, The Hastings Center, Garrison, NY, 18 April 2001.
2. Nick Christians and Michael Lewis Agnew, *The Mathematics of Turfgrass Maintenance* (Ann Arbor, MI: Ann Arbor Press, 2000).
3. This account is taken from Lane Cooper, ed., *Louis Agassiz as a Teacher* (Ithaca, NY: Comstock Publishing Company, 1945).
4. An excellent treatment of naturalistic decision making is Gary Klein, *Sources of Power: How People Make Decisions* (Cambridge, MA: MIT Press, 1999).

第 6 章

1. Duc de la Rochefoucauld, *Maxims*, 58.
2. Martha Nussbaum, *Love's Knowledge* (Oxford: Oxford University Press, 1990), 84.

第 7 章

1. *Hamlet*, 1.5.188–189.
2. Isaiah Berlin, *The Hedgehog and the Fox* (London: Curtis Brown Ltd., 1953), 42.

第 8 章

1. Robert Nozick, *Anarchy, State, and Utopia* (New York: Basic Books, Inc., 1974), 164.
2. Richard Hofstadter, "Abraham Lincoln and the Self-Made Myth," in *The American Political Tradition*, ed. Richard Hofstadter (New York: Vintage Books, 1948), 113.

附 录

1. Isaiah Berlin, *The Hedgehog and the Fox* (London: Curtis Brown Ltd., 1953), 42.

致　谢

我很感谢许多朋友和同事对这本书的贡献，特别是 Bill Demas、Carl Kester、George Lodge、Lynn Paine、Thomas Piper、Jerry Useem 以及哈佛商学院法律与伦理研究小组的诸位成员。我的编辑 Melinda Adams Merino，在整个写作过程的每一步都提供了非常实用而深刻的指导。

我特别感谢我的朋友 Kenneth Winston，他仔细阅读了最初的手稿，提出了很多充满智慧且敏锐细致的建议。我还特别感谢我的妻子 Patricia O'Brien，她对本书贡献良多——重要的思路、尖锐的意见、无价的建议。实际上，她是本书的一位不露面的作者。

哈佛商学院，以及诸位杰出的同行，也应分享这一荣誉。学院慷慨的校友，特别是 John Shad 先生，提供了让本书得以问世的重要资助。MBA 学生、高级经理培训项目的参加者，在如何负责地领导组织应对这日复一日的挑战方面，给我很多教益。其中有些人，与我分享了沉静型领导者的故事，他们也同意我在本书中重新讲述这些故事，对此，我实在特别感谢。Kim Clark 院长以及学院研究工作的负责人们帮助我，让我能够拿出整段的时间来研究这个题目。两位研究助理，Bonnie Green 和 Coleen Ryan 以各种方式帮助我完成研究，使本书问世。

书中任何错误，都由本人负责。